VOCÊ PODE MAIS!

99,9% não é
100%

CARO LEITOR,

Queremos saber sua opinião sobre nossos livros.

Após a leitura, curta-nos no facebook/editoragentebr,
siga-nos no Twitter @EditoraGente e visite-nos no site www.edi-
toragente.com.br.

Cadastre-se e contribua com sugestões, críticas ou elogios.

Boa leitura!

VOCÊ PODE MAIS!

99,9% não é 100%

Seja o nº1 na vida profissional
e nos negócios com a estratégia
de quem chegou lá aos 36

Marcos Scaldelai

Diretora
Rosely Boschini

Gerente Editorial
Marília Chaves

Editoras
Carla Bitelli
Carolina Pereira da Rocha

Produtora Editorial
Rosângela de Araujo Pinheiro Barbosa

Controle de Produção
Karina Groschitz

Pesquisa e Edição de Conteúdo
Joyce Moysés

Projeto gráfico e Diagramação
Balão Editorial

Preparação
Entrelinhas Editorial

Revisão
Sirlene Prignolato

Capa
Josiane Bortolozzi Van Dorsselaer

Imagem da capa
Roy Scott/Getty Images

Impressão
Gráfica Viena

Copyright © 2015 by Marcos Scaldelai

Todos os direitos desta edição
são reservados à Editora Gente.
Rua Pedro Soares de Almeida, 114,
São Paulo, SP – CEP 05029-030
Telefone: (11) 3670-2500
Site: http://www.editoragente.com.br
E-mail: gente@editoragente.com.br

Dados Internacionais de Catalogação na Publicação (CIP)
(Câmara Brasileira do Livro, SP, Brasil)

Scaldelai, Marcos
    Você pode mais - 99,9% não é 100% : seja o nº 1 na vida profissional e nos
negócios com a estratégia de quem chegou lá aos 36 / Marcos Scaldelai. – 1. ed. –
São Paulo : Editora Gente, 2015.

    ISBN 978-85-452-0020-8

    1. Carreira profissional - Administração 2. Carreira profissional - Desenvolvi-
mento 3. Estratégia empresarial 4. Marketing - Gestão empresarial 5. Oportunidade 6. Sucesso em negócios I. Título.

15-00710   CDD-650.14

Índices para catálogo sistemático:
1. Gestão de carreira: Administração 650.14

Dedico este livro a todos os profissionais que passaram por minha vida e que me ajudaram no meu desenvolvimento profissional. Em especial, a todos aqueles que continuam me ajudando a ser um "parceiro" cada dia melhor.

Não teria, porém, me dedicado tanto a este meu sonho se não tivesse o apoio da minha esposa, Kelly, para segurar todos os compromissos que assumimos como FAMÍLIA. E nada mais energético do que sonhar com a possibilidade de deixar um legado de orgulho para os maiores presentes que a vida me deu: meus filhos. É para eles que realmente entrego todas as minhas conquistas.

Também o dedico aos meus pais, que assumiram como meta de vida a formação de seus filhos. A meus irmãos, pela acolhida garantida quando necessário.

E, por fim, a Deus, que me dá diariamente a oportunidade de viver e compartilhar com todos os desafios da vida, e a minha mãezinha Maria, que me guia em seus braços dando-me toda a segurança necessária para simplesmente SER FELIZ!

Sumário

Prefácio	**9**
Apresentação	**11**
Introdução	**12**

PARTE 1 — PERFIL 100%	**15**
Capítulo 1 — Para ter um legado de iniciativas nº 1	**16**
E quem disse que seria fácil?	19
Querem se diferenciar, mas fazem igual	21
Falta olhar para os problemas lá fora	22
Medo de arriscar e se expor	23
Quem pula etapas tem a perder	24
Imagem é tudo, ponto	24
Capítulo 2 — Pessoas marcantes fazem sucesso	**28**
Você não é da área, está nela	29
Ser especialista não basta	31
A obrigação e o "a mais"	32
Cadê o espírito empreendedor?	33
Mais iniciativa e responsabilidade	35
Vamos pensar "fora da caixa"	36
Na visão do próprio garoto-propaganda	38
Capítulo 3 — Como ser O cara, o número 1	**44**
Atitude de protagonista	46
Excelência no presente	48
Mais cérebro do que braço	49
99,9% não é 100%	50
Foco em resultado, não em cargo	52
Tudo é solucionável	53
Dívida de favores	55

PARTE 2 – VALORIZAÇÃO DA ESSÊNCIA — **59**

Capítulo 4 — Comunicação e autenticidade — **60**

Seja genuíno — 61

Valorize o olho no olho — 64

Revele-se um agente de mudança — 66

Tenha um diálogo aberto — 67

Evite a miopia que leva a desencontros — 69

Capítulo 5 — Coragem de assumir riscos — **75**

Associe risco a oportunidade — 75

Seja o primeiro a acreditar — 78

Escolha um "pai" — 79

Supere a sua realidade — 81

Coloque a cabeça na guilhotina — 83

Capítulo 6 – Motivação e valorização — **88**

Aprenda a enxergar seus colaboradores — 89

Estimule quem tem brilho nos olhos — 90

Dê chance a quem está dentro — 93

Crie oportunidades visíveis — 94

Pratique a meritocracia — 96

Tenha um sucessor disponível — 98

PARTE 3 – GESTÃO DA EQUIPE — **103**

Capítulo 7 – O despertar da equipe — **104**

Escolha as pessoas certas — 105

Prefira o perfil *hands on* — 107

Pergunte como o dono agiria — 109

Exija senso de urgência e lealdade — 110

Resgate o otimismo e o orgulho de fazer parte — 112

Provoque a sede de vencer — 114

Em vez de dar chance, dê corda — 115

Capítulo 8 – Compreensão do DNA da empresa — **119**

Busque todas as fortalezas — 120

Espalhe esse conceito à equipe 121
Seja um facilitador do crescimento 123
Trabalhe com o valor percebido 125
Aprenda com os experientes 127
Desenvolva a competência essencial 128
Seja a cara da empresa 128
Tenha ouvidos excelentes 130
Transmita o espírito internamente 132

Capítulo 9 – Líderes que agregam **136**
Vivencie a ponta e tire as barreiras 138
Dispense vícios do passado e seja humilde 138
Preze pela satisfação geral 140
Envolva ao máximo seus funcionários 140
Valorize as quatro competências globais 141
Encare o trabalho como uma startup 143
Assuma que todos são do comercial 144

Capítulo 10 – O impossível e o poder de valorizar o melhor **151**
Na infância, valores e educação 151
Na presidência, o reencontro 154
Na intimidade, a fé 156

Para sempre, minha gratidão eterna **158**

Prefácio
Marcos Scaldelai é mais do que supunha.

Eu o contratei, pois folheando a revista *ISTOÉ Dinheiro*, li uma reportagem sobre os novos rumos de uma empresa de produtos Lácteos. Aí fiquei sabendo quem era aquele que, de repente, como num passe de mágica, transformara uma empresa grande e líder de seu setor, que até então só produzia leite e manteiga, numa empresa de multiprodutos, passando a produzir, além dos derivados de leite, produtos diferenciados, como massa, pizza, hambúrguer, quibe e muito mais, mudando a cara da empresa, com uma diversificação sólida e planejada.

O autor e criador disso tudo era Marcos Scaldelai, que aparecia na reportagem em uma grande foto, com uma fantástica cara de louco, cabelos em pé e desarrumados, parecendo louco mesmo! Pensando rápido, como um empreendedor, pedi a meu presidente que corresse atrás de Scaldelai, pois queria falar com ele urgentemente. E foi o que aconteceu. Em menos de três dias ele estava em minha sala conversando comigo e, em cinco minutos, eu o contratei para trabalhar como Diretor de Marketing, para logo assumir também a Diretoria de Vendas.

Como eu o contratei? Sendo apenas diferente dos outros mortais. Ou seja, pelo *feeling*, pela cara, pela empatia e, ao contrário de todos os outros que gostam de fazer as perguntas mais óbvias do mundo, como onde estudou e trabalhou, em que é especializado, se fala várias línguas, enfim tudo aquilo que para mim não era significante, o que eu queria saber mesmo é se ele era LOUCO. Ele simplesmente me olhou assustado e eu perguntei de novo: "Estou falando sério, quero saber se você é louco. Eu sou um pouco e preciso de um mais louco que eu, pois para crescer neste país é necessário um louco muito louco!". Em seguida, me respondeu: "Eu não me sinto um cara louco, mas se o senhor quiser eu até sei ser bem louco, depende da loucura. Daí eu expliquei: "Ser louco numa empresa é ser empreendedor obstinado, realizador, não ter medo, enfrentar tudo a qualquer hora e amar a empresa como se ama a própria família". Ele me disse que para isso ele era mais do que louco, era um fanático. Então, eu disse: "Está contratado".

E o que eu vi depois, para dizer que ele é mais do que eu supunha? Além de um elemento íntegro, família séria, unida, feliz, religiosa e de princípios, gente fina e de berço, mulher linda, filhos maravilhosos, vi nele como funcionário aquilo que esperava e não sabia: agregador, empreendedor, idealizador, competente, planejador, seguro, capaz, arrojado, destemido, vibrante, batalhador, organizado e, mais do que tudo isso, uma pessoa simples, "pé no chão" e cumpridor de seus deveres. Aquele homem que é apaixonado pela empresa e que enaltece o trabalho e o trabalhador com justiça e lealdade, dando oportunidade a todos os que merecem, e que, como ele, também amam a empresa como se fosse sua. Assim é Marcos Scaldelai: um verdadeiro líder natural e carismático! Para mim, apenas um amigo louco, carinhoso e leal!!!

Ronaldo Sampaio Ferreira

Presidente do Conselho de Administração
Bombril

Apresentação

Certa vez, no Fórum de Marketing Empresarial, promovido pelo Grupo de Líderes Empresariais (LIDE), disse ao Marcos Scaldelai, após uma palestra que havia ministrado, que gostava dele porque tinha brilho nos olhos. Marcos não tem apenas essa qualidade. Tem alma empreendedora, vontade gestora e capacidade aglutinadora. Sem contar seu otimismo e sua energia positiva em tudo o que faz.

Ronaldo Sampaio Ferreira, presidente do Conselho da Bombril, não poderia ter feito escolha melhor para comandar a empresa fundada pelo pai. Um jovem que aos 36 anos foi convidado a presidir essa histórica instituição, vem dando a ela uma nova moldura, de modernidade, inovação, posicionamento e resultados. Sem abdicar das suas origens.

Criatividade é outra marca no cotidiano de Marcos Scaldelai. Inquieto, ele nunca está contente com o que realiza — mesmo quando realiza muito bem. Essa sua capacidade instigadora e efervescente faz dele um ser em permanente ebulição. E isso é ótimo, pois serve sempre de parâmetro para todos que estão ao seu redor.

O livro do Marcos Scaldelai servirá de exemplo e forte motivação para outros jovens que, como ele, querem ver seus sonhos realizados. Para isso, deverão buscar inspiração na trajetória de Scaldelai: trabalho incessante, obstinação e superação.

João Doria Jr.

Fundador e presidente do Grupo de Líderes Empresariais (LIDE) e presidente do Grupo DORIA

Introdução

Determinação para alcançar o resultado máximo

Se há uma coisa que sempre me perguntam é como consegui me tornar presidente de uma empresa aos 36 anos. E de uma companhia com a qual não tinha nenhum parentesco e já era conhecida no Brasil inteiro (do Monte Caburaí ao Chuí) muito antes de eu nascer. O marketing me transportou a um oceano azul de possibilidades, provando ser uma área fascinante, estratégica e capaz de revolucionar mercados nas mãos de quem quer sempre fazer diferente, ser *O* cara.

Até o presente momento, uma das oportunidades que o trabalho em marketing e vendas abriu para mim foi ser alçado ao topo na Bombril, passando a liderar mais de 3 mil funcionários, distribuídos em três estados, e potencializar as vendas de um portfólio de mais de 600 produtos. Assumi desafios enormes de multiplicar um faturamento que já era grande, mais de 1 bilhão de reais, reduzir dívidas do passado, rejuvenescer e fortalecer uma marca que é referência em limpeza, surpreender em novos nichos, dominar as gôndolas brasileiras. E, como penso grande, trabalho sempre na capacidade máxima para alcançar o resultado máximo também. Em qualquer empresa em que eu esteja, luto e enxergo lá na frente como se fosse o dono.

Gosto quando alguém me define como um sujeito ousado, porque vejo a importância de inovar e busco isso incessantemente. Carismático desde criança, quando estar à frente das gincanas da escola pública me rendeu patrocínio (pedido pelos professores a um empresário da cidade) para estudar mais e melhor. Um otimista, que enxerga a metade cheia do copo e ama vender – principalmente a clientes difíceis, os verdadeiros desafios. Meu foco é sempre bater metas com o time da empresa ao meu lado; atribuo meu sucesso à qualidade das equipes que gerenciei.

Na minha visão de negócios, todos são protagonistas, que é o que se espera hoje de um líder. Não fico no pedestal, trancado em uma sala com ar condicionado, olhando planilhas. Meu estilo de liderança é fazer junto, colocar todas as opções de decisão na mesa. Procuro ser totalmente acessível para tirar "pedras" comerciais do caminho, uma vez que entendo que essa é uma competência necessária para resolver o que vier pela frente, pois não existe nada que não possa ser resolvido. Quando sou convidado a palestrar para outros executivos, a primeira pergunta que faço é "quem de vocês vai para a rua com a sua equipe de vendedores acompanhar a dificuldade deles?" Procuro sempre estar na rotina dos problemas das minhas equipes, porque é pelo exemplo que consigo passar os quatro valores que mais prezo (você saberá quais são mais adiante). Eu me cobro diariamente para jamais entrar num jogo para perder.

E preciso dizer que sou jovem, mas não sou o Mark Zuckerberg, o cara que criou o Facebook, que com um único tiro acertou um alvo que revolucionou o mundo. Parabéns para ele, mas minha história é outra e envolve construção. Não fez parte dela subir na carreira de uma hora para outra. Ou seja, neste livro não haverá nada sobre mágica ou facilidades. Fez parte da minha trajetória vestir a camisa da empresa – quando posso, dispenso a gravata – e suar diariamente, até 9, 10 da noite. Também não queimei etapas, acelerei nos degraus, com fôlego para vencer e um indispensável brilho nos olhos. Para mim, 99,9% não é 100%. Eu sou um cara de carreira, acho que o mundo não é feito só dos negócios que acontecem do dia para a noite; construir uma carreira foi o que me trouxe até aqui e acredito na construção da carreira da minha equipe, e das pessoas que vão ler este livro. Você pode construir uma carreira dentro de uma empresa ou sendo um empreendedor, o que importa é levar os conceitos que trago ao longo do livro para a sua trajetória. E é sobre isso tudo que vamos conversar aqui.

14 | Marcós Scaldelai

Percebi que teria o que ensinar ao pensar na minha trajetória, e para cada momento da minha vida (assim como você pode dizer da sua) aprendi lições importantíssimas. Elas se aplicam a diversos perfis, e todos eles fazem parte do recorte da construção de carreira, por exemplo:

- Estudante (e todos somos) com ambição saudável, que quer acelerar na carreira arregaçando as mangas e criando seus diferenciais.
- Gerente ou gestor de uma área, que quer chegar à presidência da empresa e busca ferramentas para ser finalmente percebido, destacando-se da maioria.
- Executivo com espírito empreendedor. Exatamente como eu gosto de ser. Você vai saber mais sobre esse perfil tão cobiçado pelo mercado de trabalho atual, nas próximas páginas.
- Empreendedor em negócio próprio, que trava lutas com gigantes para crescer. E eu sei bem como é trabalhar em empresa nacional e competir com multinacionais. Já posso adiantar: vá em frente!

Vou detalhar minha jornada, contar cases de sucesso, destacar aqueles profissionais que significaram muito na minha vida, partilhar minha paixão pela área comercial, pelas métricas, pelo prazer em atender o público brasileiro com excelência. Eu sou muito feliz com tudo o que estou realizando e com a família que me apoia. Se, depois de ler os próximos capítulos, você se identificar com pelo menos um pouco do que penso, valorizo, sonho, realizo, projeto, terá ainda mais estímulo e ferramentas práticas para criar seu futuro de sucesso também. A minha missão aqui é que você torne sua missão profissional e de vida superar o impossível; é pensando nisso que escrevi este livro para você. Se você está nos primeiros estágios hoje, saiba que poderá alçar a presidente antes dos 40 anos, como eu. Acelere comigo.

Ótima leitura!

PARTE 1 — PERFIL 100%

Capítulo 1 — Para ter um legado de iniciativas n° 1

Todos nós queremos alcançar o sucesso na carreira. No entanto, para isso, precisamos ser reconhecidos num mundo tão absurdamente competitivo e instável! – em que as novidades aparecem a cada abrir e fechar de telas. Assim, como um profissional de hoje consegue deixar o seu legado? Como ser aquele que impulsiona iniciativas que se tornam cases de mercado? E como gerenciar a equipe de modo que seja extraído mais que o melhor de cada um e atingir a excelência? Enfim, como ser *O* cara, o número um, a referência atualmente?

A competitividade está mesmo impiedosa e acirrada em todos os mercados e em todos os níveis do negócio, não importa se o país cresce ou enfrenta uma crise. Ela ele tende a aumentar, uma vez que a tecnologia e os meios de comunicação proporcionaram ao cliente a oportunidade de sempre buscar outra opção. Não existe mais marca absoluta. Mesmo assim, há uma sede por ser o melhor que incita as pessoas a buscar novos caminhos. É o espírito empreendedor, que precisa existir em qualquer um que deseje acelerar profissionalmente: no estudante, no funcionário da base da pirâmide, no trainee, no gerente, no alto executivo e, óbvio, naquele que investir num negócio próprio.

Eu me considero um executivo empreendedor, e neste livro vou explorar bastante as vantagens competitivas de pensar e agir com propriedade, ou seja, como se fosse o dono do negócio que você quer fazer crescer. Este livro está dividido em quatro partes, para ajudar você a ser um profissional 100% em tudo o que fizer. Primeiro vamos analisar o perfil do profissional 100%, logo em seguida passaremos a tratar de como a sua essência pode ajudá-lo a pensar fora da caixa e a importância disso; na terceira, trataremos de gestão de equipe e crescimento do DNA da empresa e, por fim, abordaremos visão de negócio. Enquanto muitos se satisfazem ao atingir 99,9% dos resultados, quem realmente se destaca não se conforma e busca incansavelmente o resultado máximo. Não deixo por menos. Entretanto, vou logo avisando que alcançar (e, melhor ainda, superar) os 100% exige aprofundar e ampliar a nossa visão para enxergar as grandes oportunidades que todo mercado tem. Além disso, é preciso também ajustar o foco para transpor os anseios do mundo das ideias para o mundo real, conquistando o tão almejado sucesso profissional e pessoal.

O que o mercado e a sociedade pedem de nós, no papel de líderes empreendedores, é principalmente uma atitude de inconformismo. As relações comerciais ficaram mais complexas, e é preciso encontrar saídas em meio a tantos obstáculos de variados graus e ordens. Desde a carga pesada de tributos até as esburacadas estradas brasileiras, tudo é "problema nosso", tudo deve ser pensado pelo líder, uma vez que qualquer fator que atrapalha o faturamento coloca em cheque nossos planos, nossa disposição aos riscos e a nossa versatilidade.

Vejo muita gente apontando o que não vai bem, a falta de recursos para enfrentar as dificuldades, mas poucos assumem a responsabilidade de cavar alternativas, criar oportunidades para todos, oferecer novos horizontes, botar este enorme país nos trilhos do desenvolvimento. Prova disso é que as empresas têm enfrentado dificuldade, pois não há profissionais na quantidade e na qualidade necessárias para implantar as estratégias de inovação, de fortalecimento da marca e de crescimento dos negócios nos próximos anos.

Com essa falta de profissionais que apresentem um modelo mental direcionado para a superação, todo mundo sai perdendo, pois acredito que a atitude de cada um deveria ser de entrar em campo só para ganhar. O modelo mental certo é importante porque faz com que o profissional se sinta parte da busca pelo resultado. Quando ele não desenvolve essa mentalidade acaba restringindo-se a executar sua função específica e só – o que é muito pouco! Comparando com o futebol, é como se o placar só dependesse dos atacantes, e não de todos os onze jogadores. É importantíssima a defesa do zagueiro, mas todos deveriam se unir para vencer de goleada.

Não é de estranhar que o mercado procure tanto, e pouco encontre, profissionais que, diante da tempestade, prefiram sair às ruas para vender guarda-chuvas, barcos infláveis, capas plásticas, botas de borracha, antigripal, toldos, entre outros, a permanecer confortavelmente secos e protegidos, checando a previsão do tempo para ver se as coisas melhoram. Quem está na chuva não deveria ser para se molhar?

O que mais se vê são equipes desunidas, que não conversam entre sim; e o típico "salve-se quem puder" no emprego. São funcionários que não têm o DNA da empresa no sangue, nem um necessário olhar e conhecimento comercial. Às vezes, nem sabem pelo que estão trabalhando, lutando, apenas cumprem checklists. Ao se tornarem executores de rotinas, não absorvem a estratégia maior da empresa. E como um colaborador que está distante do plano maior da empresa pode querer produzir resultados?

Não há nada mais irritante do que alguém que chega no fim do mês sem bater a meta, dizendo apenas "Eu fiz de tudo, mas não deu". Se usar justificativas externas, que o isentem da culpa, então, a emenda fica pior que o soneto. Pense comigo: quando você é parte de uma equipe e sabe que possui um mês para atingir uma meta específica, pode perceber quando as coisas não estão acontecendo antes do último dia, deve medir seus resultados e buscar a meta desde o início do mês. Um funcionário que chega dizendo "não deu" no último dia, não trouxe seus problemas para o gestor ao longo do mês, não deu sinais vermelhos da dificuldade de fechar negócios, não pediu ajuda para conseguir fechar negociações melhores (às vezes, só precisava flexibilizar um desconto, por exemplo). Ele não pode dizer que fez de tudo se não fez o básico: buscar com vigor essa meta antes de o prazo acabar. Sem contar que, quem realmente quer bater uma meta, começa a planejar pelo potencial máximo de cada cliente – em vez de sair distribuindo a sua meta para cada um, de acordo com as compras mensais.

Quantas vezes você já passou por uma por situação assim? Seja como gestor, como funcionário ou até como dono de empresa? Convido você a irmos mais fundo no que impede os profissionais de acelerarem e serem diferentes a ponto de deixar um legado pelo qual se orgulhem futuramente. Façamos também uma análise bastante prática, trazendo para o dia a dia pontos de gestão que precisam ser melhorados, revisados, trocados, esclarecidos. Comecemos, então, desmascarando certas ilusões.

E quem disse que seria fácil?

Em qualquer empresa ouço as mesmas reclamações: o dinheiro é pouco, o prazo é curto, a pressão é grande. Tudo é para antes de ontem, em qualquer negócio. Se você demora, seu concorrente executa seus planos e estraga a sua festa. Contudo, tem quem confunda que, para ser ágil, não é necessário fazer planejamento. E uma coisa não tem a ver com a outra. Essa urgência significa que nós não temos tempo para descobrir depois os problemas que podemos descobrir hoje – e resolver com competência, priorizando conforme os recursos.

Assim, quanto menos recursos, mais original a sua solução precisa ser. Com isso, mais o seu nome vai aparecer. Quem só reclama da pressão, senta em cima das dificuldades, vê a metade do copo vazia, acaba fazendo coro com outros chorões em vez de enriquecer vendendo lenços. Quer cliente fácil? Quer ficar esperando ser procurado para fechar pedido? Quer se preparar o mínimo e improvisar, confiando apenas na sua lábia? Isso pode ser o suficiente até conseguir seguir carreira, mas não será para se destacar, não fará a diferença.

Mares tranquilos não produzem bons marinheiros. Nem voos sem turbulências produzem bons pilotos. Os diferentes são ávidos por barulhos saudáveis. Então, dizer que falta investimento ou estrutura para fazer um trabalho inovador é desculpa. Eu nunca trabalhei com alto orçamento — e, na verdade, pouca gente pode dizer que trabalha assim. O negócio, como se fala no interior de São Paulo, onde eu nasci, é "dar nó em pingo d'água".

Planejar ainda é imprescindível, pois uma visão de longo prazo tem de existir. No entanto, as estratégias, as implementações, as correções de rota devem ser materializadas quanto antes. Assim, é um problema ter na equipe gente despreparada e que assimila mal a pressa, até trava.

Digamos que acabamos de planejar os próximos cinco anos; mas, se pudermos trazer essa expectativa de resultado para dois anos, temos de fazer acontecer. É assim que se comportam os profissionais diferenciados. E isso não é de hoje. Nos anos 1950, o presidente Juscelino Kubitschek, num dos períodos mais festejados da nossa história econômica, já entusiasmava o país com seu lema "50 anos em 5".

Sempre dá para acelerar qualquer planejamento, sabendo que, quando você aperta, vem pressão de tudo quanto é lado. No entanto, muitas pessoas têm dificuldade de lidar com essa pressão porque morrem de medo de perder a posição, o emprego. Conheci vários profissionais que se agarram na cadeira e deixam de olhar para o resultado, perdem-se fazendo o jogo político para administrar o status que conseguiram. Ora, quem confia no que faz não teme o bilhete azul. Pode não ter mais espaço nessa empresa, mas vai brilhar em outra. Todo mundo duvida, mas é verdade. O mercado está pronto para profissionais diferenciados e sempre estará.

Querem se diferenciar, mas fazem igual

Falando em ser diferente, quando vou fazer palestras em universidades, a pergunta mais comum é: "Como faço para me diferenciar?".

Se você já entra num negócio ou numa empresa com o espírito de buscar o resultado, está um passo à frente, porque essa postura vai guiar suas ideias e sua execução naturalmente. E, quando se propõe a ser generalista, ou seja, entra com uma identificação clara de seu cargo ou sua função, mas está disponível para ajudar a empresa em todos os níveis, coloca-se muito mais acessível e preparado para galgar promoções com velocidade.

Não adianta eu só fazer a minha parte e ir para casa tranquilo. Tenho de conseguir que os outros façam a parte deles, pois isso influencia meus resultados. A falta de visão mais colaborativa cria paredes e muros dentro das corporações que atrapalham a caminhada dos que almejam o pódio. Essas barreiras são construídas porque a maioria dos profissionais não demonstra interesse em conhecer bem as necessidades das outras áreas nem um genuíno foco em resultado. Se esse foco existisse, os profissionais sairiam mais para ajudar e agiriam como se a responsabilidade do comercial fosse deles também — postura de dono, lembra? Dariam ideias, construiriam estratégias, juntariam forças e expertises em prol de uma estratégia maior.

Você pode criar um produto maravilhoso, elogiado pelos amigos, que o envaideça. Se ele não for bem aceito no mercado, ou seja, se ele não vender... sinto muito, morreu na praia. E olha que o pessoal de desenvolvimento de produto ainda costuma ficar mais próximo do comercial! Digamos que você seja da área financeira, ou subiu na empresa por ela. Se se limitar a gastar seu

Falta olhar para os problemas lá fora

Na minha maneira de fazer gestão, há uma forte preocupação de que todos tenham a visão do que acontece lá na ponta, no contato com o cliente e como ele se relaciona com os seus produtos, e me incluo nisso. Porque falta nas pessoas esse tipo de conhecimento e de comprometimento. E a realidade mostra que qualquer empresa hoje tende a ter mais facilidade para expandir e se diferenciar quando a mente de todos os seus membros se coloca como comercial.

No entanto, o que se vê por aí é uma enorme dificuldade de conseguir isso, que desce em cascata desde o presidente até o estagiário. Quer dizer, falta essa noção, esse treino, essa disposição, esse acompanhamento do que ocorre quando seu vendedor e sua marca interagem com os compradores de seus produtos e/ou serviços. Hoje, como direção estratégica, as corporações costumam ter o quê?

— Vamos trabalhar inovações! — motiva o alto executivo na reunião com sua equipe.

— Beleza! — responde o braço direito, querendo impressionar o chefe.

— E vamos fazer ajustes orçamentários para poder trazer os resultados — continua ele, achando que é o suficiente.

Isso é uma gestão comum. Isso qualquer empresa pode fazer. Agora, aquela que se diferencia vai além e cria um ambiente em que todos passam a enxergar os resultados com olhos de águia, muito mais apurados que a média. Eles compram a ideia de ser comercial, de direcionar suas ações para a venda, e assim não ficam reféns da sua especialidade. Afinal, um pedido que cai na empresa tem de ser 100% atendido até o pós-venda, e o sucesso depende do envolvimento de muitas áreas. Essa engrenagem tem de funcionar com excelência, é tudo ou nada.

Medo de arriscar e se expor

Ir para o tudo ou nada implica ainda correr riscos e se sentir desafiado todos os dias a ousar, e ousar significa invariavelmente correr o risco de uma ideia dar errado. Perigoso é o contrário: conformar-se com o que aí está, com o conhecido e sacramentado. Você já trabalhou com algum gestor medroso, inseguro, que adia as decisões ousadas e só falta pedir ajuda aos universitários? Existem aos montes. Muita gente evita se arriscar para não se expor. Como não me considero alguém com "telhado de vidro", posso garantir que sou um presidente que não tem nada a temer. Há solidez naquilo que quero fazer, então acredito nas boas ideias, principalmente nas inovadoras, e as defendo.

Para você ser diferente, vai pôr a cabeça na guilhotina a fim de dar mais resultado ao dono? Sim. Contudo, tenho certeza de que, se cada investida der certo — que foi o que ocorreu comigo várias vezes —, sua carreira vai acelerar. O executivo clássico pauta-se pelo cumprimento de uma série de padrões, regras internas etc. É uma escolha. Já aquele com perfil empreendedor tem uma força motriz de arriscar incontrolável, e, repito, ousar é correr riscos. E aí ele se projeta com muito mais rapidez, deixando os outros se torturando com a frase "Por que eu não pensei nisso antes?".

Pior ainda é quando se trabalha numa organização que morre de medo de arriscar. Ainda mais hoje, quando qualquer exposição pode repercutir nas redes sociais com uma velocidade muito grande — para o bem ou para o mal. O mercado, no geral, não assume, mas detesta errar ou polemizar. Já pensou em quantas oportunidades se abrem aos que se arriscam?

Quem pula etapas tem a perder

Todos podem, sim, galgar posições bem mais rapidamente do que no tempo de seus pais, mas não podem pensar que da noite para o dia vão se tornar presidente de grandes empresas. Em entrevistas, sempre comento que o que fiz foi acelerar minha escalada, porque sempre coloquei a cabeça na guilhotina em riscos calculados. No entanto, ao longo da minha carreira cumpri todas as etapas, fui estagiário; executivo de atendimento; analista de marketing júnior, pleno e sênior; gerente de produto e marketing júnior, pleno, sênior; diretor de marketing e P&D (planejamento e desenvolvimento); diretor comercial. Eu não caí de paraquedas na cadeira da presidência.

Subir rápido não deveria significar pular degraus. Porque se perde uma base de construção: de estratégias, de raciocínio, de experiências difíceis e vitoriosas... Não quero dizer que não seja possível alcançar sucesso pegando um atalho, mas você tem mais a perder do que a ganhar, uma vez que pode carecer do alicerce necessário para o que vem depois. Num dia, trainee; em outro, líder com poder de comando? Isso dá ao jovem a sensação de que tem carta branca para fazer o que quiser, quando e como desejar. Ingenuidade.

Trainee mirando ser promovido a diretor em dois anos é, no mínimo, uma aberração. Em primeiro lugar, a sua autoconfiança tem um limite. E ela é fortalecida pelo aprendizado. Sem experiências acumuladas, sobra apenas impetuosidade temperada de arrogância. Já aqueles que passam pelos principais estágios da carreira e aprendem o essencial, automaticamente assimilam com mais facilidade pontos importantes para a tomada de decisões. Essas pessoas analisam cenários e problemas com clareza, abrangência, segurança, critério e responsabilidade.

Imagem é tudo, ponto

Aqui, entramos numa seara delicada, mas importante para quem quer se diferenciar no mercado: incluir em suas estratégias qual imagem profissional vai construir para cada momento. Dizer que você precisa parecer maior (e mais interessante) do que é, num primeiro momento, causa estranheza, mas não tem nada a ver com ser falso. Confesso que, quando ouvi de um chefe que eu deveria ter duas caras, inicialmente fiquei bravo. Como assim? Isso parecia ir contra todos os princípios que aprendi e abracei ao longo da vida. Só depois é que fui entender. Ele apenas me aconselhava a viver a realidade de cada marca que estivesse representando, sem me perder da minha essência, fazer com que essas duas partes convivessem dentro de mim.

Para dar um exemplo, um executivo do ramo esportivo deve acompanhar os campeonatos e se aproximar de quem ama esportes, observando como se comporta e deixando uma ótima impressão ao se apresentar como uma pessoa que valoriza o cuidado com a saúde e a atividade física. Ninguém precisa ser parte, de fato, do mundo do seu público-alvo, mas tem de passar a imagem de que "respira" aquele universo — para poder traduzir para a marca a melhor experiência possível. Trocando em miúdos, vale a pena conhecer de perto aquele contexto para o qual está trabalhando, o que se chama hoje de "experienciar".

Muitos acham bobagem passar a frequentar os ambientes que seu consumidor curte e perdem excelentes chances de entender como ele pensa, age, processa, sonha. Esses ainda não perceberam que vivemos a economia da experiência. Sendo assim, a empresa que tiver simultaneamente o foco *no* cliente e o foco *do* cliente vai fidelizá-lo. A grande virada de uma marca é quando ela consegue traduzir para o seu público uma experiência emocional, deixando de ser só um produto ou serviço propriamente dito. É pela imagem que se trabalha o lado aspiracional do seu consumidor. Não tem outra forma de conquistá-lo.

Minha experiência com a Häagen-Dazs

Quando me incumbiram da expansão da grife de sorvetes Häagen-Dazs, imediatamente me aproximei do seu público-alvo para traduzir numa estratégia vencedora. Eu era analista de marketing na época e conduzia minha vida particular de outra forma, com muita simplicidade. Entretanto, por causa da marca, passei a frequentar eventos de polo, ir a festas na Daslu, circular em rodas de maior poder aquisitivo para entender como funcionava esse público e essa experiência. Embora pessoalmente não pertencesse a esse universo, realizei um grande trabalho para tornar a marca reconhecida no Brasil. É verdade que existia o fator preço, que no caso da marca era muito fora do acessível para a grande maioria dos brasileiros. Adequamos a comunicação da Häagen-Dazs para atingir mais pessoas, mas com a preocupação de mantê-la dentro de um patamar *premium*, para que fosse extremamente aspiracional às outras classes emergentes, deixando-as com o desejo de participar do mundo do luxo.

Como reforçar que a Häagen-Dazs fazia parte da vida dessa classe alta? Foi quando criamos um festival de música eletrônica, chamado Häagen-Dazs Mix Music, que acontecia uma vez ao ano. Os jovens abonados adoravam música eletrônica e se matavam para comprar convites. Trazíamos DJs famosos no mundo inteiro, uma experiência que esse consumidor valorizava. Os outros pensavam "Tem alguma coisa de muito diferente ali". E o evento passou a ser como um fruto proibido, despertando uma irresistível vontade de ser saboreado. A partir do momento em que ficou alinhado com diversão, música e glamour, o sorvete ganhou um conceito emocional, virou uma experiência.

Outra iniciativa que deu muito certo foram as campanhas no inverno para fortalecer a marca, uma vez que a regra é que todo o mercado de sorvetes invista a maior parte de seu orçamento em campanhas no verão. Para driblar um momento em que o mercado já estaria saturado de ofertas, lançamos de um jeito muito glamoroso o *fondue* de sorvete Häagen-Dazs, com pequenas bolas de sabores sortidos para mergulhar numa calda quente de chocolate. Foi notícia em todos os roteiros das cidades em que tínhamos pontos de venda. Lotamos as lojas.

Nada mais natural que estimular a venda de sorvete no verão, Nossa equipe concentrava as estratégias de comunicação no inverno — o inverso do que o mercado fazia. Nesse período, nossa marca aparecia que era uma beleza. Foi aí que viramos a chave da sacada estratégica: oferecer como sofisticada opção de sobremesa, e não apenas sorvete, ganhando onde outros perdiam. No verão, a Häagen-Dazs vendia bem organicamente, por causa da estação e porque pegava carona na comunicação dos concorrentes. Quer dizer, as metas de expandir a grife foram superadas, e eu comecei a ficar mais conhecido como executivo de marketing pelo mercado. Foi uma experiência incrível, que me deixou um legado do qual me orgulho muito.

Conto esses desafios como inspiração daquilo que disse no início deste capítulo: de que as equipes podem se unir sobre ideias fora da caixa e, conhecendo bem seu público, ganhar o jogo de goleada. Sim, dá para achar uma solução criativa para cada um dos milhares de problemas dos quais a maioria dos funcionários reclama. E você, de quais tempestades reclama todos os dias, enquanto tem medo de se molhar na chuva e se contenta com menos do que 100% se pode ir muito além?

Capítulo 2 — Pessoas marcantes fazem sucesso

Qualquer profissional que queira se destacar dos comuns sabe que precisa fazer mais e melhor. Este é um desafio que abrange não apenas gerenciar a si mesmo como também toda a sua equipe e outras pessoas envolvidas no seu projeto de ascensão. Afinal, você não vai longe sozinho, depende da energia e da competência daqueles que "compram" suas ideias, inclusive as mirabolantes, e as concretizam. Tanto quanto eles dependem da sua liderança e daquela assertividade que você precisa proporcionar de que "vai dar certo, pode confiar em você e em mim".

No entanto, fazer mais não tem a ver com se sobrecarregar de tarefas, embora atualmente se trabalhe bastante. A causa de muitos se dedicarem, mas apenas poucos saírem vitoriosos dessa nossa competição diária por um lugar ao sol é principalmente esta: a dificuldade de enxergar o que as empresas e o mercado estão pedindo. Você tem na ponta da língua o que é? Eu sim. Eles pedem que a gente assuma a responsabilidade pelo negócio (não importando qual papel ocupamos nele) e nos pressionam para que deixemos nossa marca única por onde passarmos. Ganham eles, ganhamos nós. Concorda? Ganham os consumidores. Muito. Ganha o país.

Graças ao diferencial cativante de atuar e gerar resultado que algumas pessoas possuem, elas se tornam marcantes e encontram o caminho do sucesso. Pode reparar. Os profissionais que mais chamam sua atenção, mais despertam sua admiração, certamente têm algo que não existe da mesma maneira em mais ninguém, somente neles. E, se você quer também deixar sua assinatura única por onde passar, deve ficar atento aos pontos a seguir, nos quais muitos indivíduos bem-intencionados costumam derrapar.

Você não é da área, *está* nela

No capítulo 1, debatemos sobre a necessidade de viver a realidade de cada marca que estiver representando. Seja conviver com a turma do polo (enquanto trabalha com serviços de luxo), conversar com os aficionados por games (se atua com mídias digitais) ou com as diaristas e domésticas (para lançar os produtos de limpeza com que sonham). Muitos ainda têm dificuldade de se libertar de preconceitos e julgamentos, e acabam lançando olhares de crítica ou desprezo ao seu público-alvo, e isso transparece negativamente no seu resultado.

Lembre-se: você não é daquela tribo ou classe social, mas você está nela. Seguindo esse mesmo raciocínio, também digo a todos que integram a minha equipe: você não é dessa área, você está nessa área. Porque amanhã pode aprender e ser útil em outra função, depois outra e assim por diante. Você não é do recrutamento, de logística ou do atendimento ao cliente. Você está numa dessas áreas e é bom que se abra para todos os aspectos da operação a fim de expandir seus limites. Saiba que uma das características comuns daqueles que chegaram ao topo é justamente a versatilidade de ter transitado por várias funções.

Tem gente que fica enraizado, preso naquele quadrado da educação formal. Só falta exibir sobre a mesa o diploma universitário para lembrar a todos sobre o que estudou. E quando é solicitado a se envolver num projeto mais amplo, justifica: "Mas isso não é da minha área, quer que eu transfira para o ramal ou chame o responsável?".

Se esse funcionário fosse uma árvore, uma empresa disposta a investir nele teria de intervir e "cortar o caule" para plantar em outro lugar! Se fosse um cavalo, seria como aquela imagem que todo mundo já viu em posts do Facebook: do animal amarrado a uma cadeira de plástico, quieto, inerte, nada impede seu movimento além da ignorância de que não pode se movimentar. Quantos se

30 | Marcos Scaldelai

condicionam a uma área muito mais do que se dão conta? Bastando apenas erguer a cabeça com vigor, o cavalo poderia andar, ir embora, mesmo que tivesse de levar a cadeira consigo.

O profissional que age na zona de conforto, somente dentro dos conhecimentos relacionados à sua formação — sem coragem para se reinventar, desbravar fronteiras, movimentar-se com inteligência —, é como o cavalo amarrado a uma cadeira. Será eficiente apenas naquele nível e dispensará oportunidades. O final desse filme é que estagnará e acabará substituído com o argumento de que "estamos fazendo uma reestruturação da área e precisamos agora de outro perfil". E aí?

É muito triste que, em tempos tão dinâmicos, existam pessoas amarradas a uma cadeira, função, área. Já um expert em finanças que queira acelerar na carreira não se contentará em lidar apenas com números. Vai se interessar pelas decisões de marketing, vendas, gestão. Olhe o que aconteceu comigo. Comecei minha carreira na área de marketing, que é uma paixão pessoal. Depois, estudei gestão de negócios porque percebi que minha habilidade e meu interesse ultrapassavam minha formação. Passei a ser colocado por meus superiores como parte de vários assuntos e da condução deles.

Muitos me perguntam como fazer para ir para a área de marketing. Alguns são, por exemplo, engenheiros. Não tem problema. Se for também seu caso, minha sugestão é fazer a transição passando por uma área de pesquisa de mercado, que costuma aceitar analistas executivos com variadas formações. Sua cabeça vai abrir muito. Você se aproximará da vida real e dos consumidores. É um preparatório vantajoso. No entanto, se migrar diretamente de engenharia para o marketing, a coisa fica mais complicada.

Quero deixar claro que ainda é muito importante fazer faculdade e outros cursos a fim de ter um currículo sólido e dominar um assunto muito além da média. Contudo, abra a cabeça para não se limitar apenas ao que absorveu academicamente. Tenha como objetivo se tornar, para usar um nome moderno, um especialista-generalista. No próximo item falaremos mais sobre esse perfil vencedor.

Ser especialista não basta

Já deu para perceber que eu não gosto de classificar os profissionais por departamentos. Cada um tem, sim, sua função e será cobrado por ela. Parafraseando a música *Funeral de um lavrador*, de Chico Buarque, "é a parte que te cabe deste latifúndio". No entanto, os que conseguem ir além, e se tornam generalistas também, são aqueles que procuro para formar meu time. Porque essas pessoas sempre se preocupam em resolver problemas — que vêm de todos os lados, exigindo esforço conjunto. São pessoas com atitude para achar uma saída original em meio às crises, propor o que os concorrentes ainda não fizeram, subir de patamar junto comigo e com os acionistas.

Talvez você fique confuso, pensando: "Quer dizer que eu tenho de mandar muito bem numa coisa e ao mesmo tempo conhecer um pouco de tudo? Como se alternasse os dois lados de um binóculo? Para alcançar status máximo, melhor investir em ser um grande especialista ou um grande generalista?". Francamente, seja os dois, e seu sucesso estará próximo.

É o que o mercado chama hoje de especialista-generalista. Não é o generalista do passado, que sabia pouco de cada coisa e dava vários chutes para acertar um gol (hoje, esse cara seria um suicida e ainda levaria vários colegas para a terceira divisão com ele). Também não é como aquele que se tornava sumidade em algo específico e garantia seu posto numa empresa pela vida toda, porque só ele dominava aquilo, ganhando a aura de insubstituível.

Hoje se fala muito em apagão de talentos, considerando-se que as universidades formam gente especializada demais, sem compreensão multifocal. E essa preparação é muito importante.

Sua especialidade deveria ser o ponto de partida para abrir a cabeça e ocupá-la com variados ângulos e informações. No meu caso, não fiquei restrito ao marketing. Ter vivenciado todos os aspectos que envolvem vendas me deu a bagagem para ser presidente. Não enxergo só partículas, vejo o produto desde a criação até a forma que vai afetar o consumidor final.

Uma prova disso é que hoje, para determinada vaga, podem se apresentar candidatos de várias profissões/formações, mas antigamente não era assim. E, se você ainda é estudante, saber de antemão dessa demanda atual por especialistas-generalistas vai ajudá-lo a ir mais rápido em relação aqueles que só descobrem essa necessidade no meio do caminho — ou no fim da linha.

A obrigação e o "a mais"

É uma pena que ainda exista certa dissonância entre o que se aprende na sala de aula e o que se encontra no mercado. Falta preparação para a prática, falta falar de atitude e postura, falta transpor as teorias para a busca de resultados. Sobra conhecimento técnico e teórico. É um festival de segmentação. Por que isso? O meio acadêmico se ocupa demais com formar profundos conhecedores de uma coisa só.

Universidades, falem a seus alunos que não basta fazer bem feito o próprio pedacinho. Isso é a obrigação! A pessoa é contratada para isso! Peguemos o exemplo do cara que se forma em tecnologia da informação. Ele pode ser graduado e pós-graduado em sistemas de segurança digital, entender absolutamente tudo de programação, ser nota mil na parte técnica, aí, pergunto a ele: "E se eu não conseguir faturar? E se eu não tiver sistema apto para diferentes perfis de clientes?".

Então, ele pode sair da faculdade muito preparado em termos de tecnologia da informação e não resolver os problemas por não ter a questão do resultado na pele, não saber o que acontece na ponta. Digamos que eu, como vendedor, esteja na frente do cliente. Posso estar preparado de várias formas para só sair da sala comemorando um pedido grande. Meu colega de TI tem de saber quais tipos de dados eu deveria "ter na manga" para o sucesso dessa tarefa. É aí que ele pode me ajudar. Quem sabe vem com uma inovação e me diz: "Olha, e se você botar um código na tela do tablet e aparecer todo o histórico de relacionamento com o cliente, quanto ele já faturou etc.?".

Ele precisa saber as reais necessidades do vendedor quando tem o cliente na mão, para colocar a sua especialidade a serviço do resultado maior. E, assim, fazer a diferença.

"E que tal ter um banco de dados com as últimas movimentações do principal concorrente naquela capital? Diga-me de qual recorte precisa para usar nas argumentações de vendas", pode sugerir o profissional em TI.

As ideias do fera em TI para facilitar o trabalho do vendedor são infinitas, bastando que ele se interesse pelas dificuldades do dia a dia do colega. O grande especialista cria elos com outras áreas e se prepara para se tornar um gestor, com ampla visão de mercado. O que ele defende tem valor porque consegue olhar o todo e não só uma parte. No entanto, ele não pode chegar a um nível em que precisa atuar como generalista com foco em resultado, mas ainda carregado de dúvidas sobre a execução do negócio.

Cadê o espírito empreendedor?

Quando os profissionais estão preocupados somente em fazer aquilo a que são submetidos, o que consta do descritivo de sua função, cristalizam um comportamento de conformismo, embora jamais assumam isso nem a si mesmos. Garanto que sentirão dificuldade de sair desse comportamento depois. Em poucas palavras, eles não querem ser o dono do negócio.

Já aqueles que afloram dentro de si o espírito empreendedor negam-se a aceitar as coisas como são — mesmo quando vão bem. Querem sempre melhorar, inventar, movimentar, preservar, transformar, aumentar o bolo. Olham a empresa ao lado da deles e se questionam: "Por que a minha não pode ser assim ou melhor?". Ocorre situação semelhante quando alguém vê chances de engordar o salário e passa a almejar um carro bacana, um apartamento maior e mais confortável, um passaporte carimbado...

A pessoa que visa impulsionar a carreira tem de pisar na empresa todos os dias disposta a agir como se fosse o dono daquilo tudo. Ao incorporar essa postura com determinação, automaticamente se torna um inconformado. Muda a atitude. Afinal, o dono, seu maior exemplo de inconformismo naquele espaço, jamais olha só um pedaço do negócio ou cruza os braços diante dos obstáculos. O alcance da empresa não existe. Ele vê um horizonte muito mais promissor do que qualquer um que esteja dentro ou fora dela. Enxerga muito mais longe.

Portanto, quando você é um executivo empreendedor, também sempre quer mais. Tem a marca no sangue. Então, ai de quem falar mal dela! Você prova de todos os jeitos quanto faz melhor que seus concorrentes. Investe já sabendo o resultado que vai colher lá na frente, e não fica com a mesquinharia de querer investir dez para trazer mais dois agora. O dono está olhando lá na frente porque ele está construindo. Por que é um empreendedor? Porque pensa muito além.

Você conhece muitos ao seu redor com esse perfil? Ou o mais comum é ver gente querendo bater cartão? Não custa frisar que os acionistas promoverão a altos cargos aqueles de seu time que contaminarem as corporações com esse espírito empreendedor. Sou a prova viva disso. Conquistei o privilégio de batalhar por sonhos e metas junto com o principal acionista da Bombril, Ronaldo Sampaio Ferreira, que pensa muitos anos à frente. Ele

Você pode mais — 99,9% não é 100% | 35

é um grande exemplo de empreendedorismo, me inspira muito. E sei quanto precisa de profissionais que materializem o que está projetando. Mais adiante, abordarei sua impressionante luta para reerguer a marca que traz no sangue.

Mais iniciativa e responsabilidade

E como os profissionais atualizados, que tem esse espírito empreendedor, a marca no sangue, o foco em resultados, mostram isso tudo na vida prática? Será que estão também fazendo bem a lição de casa de se "venderem" ao mercado? Quantas vezes nos deparamos com profissionais excelentes, mas que têm dificuldade de fazer com que seus trunfos sejam percebidos? Fica o lembrete: proteja-se melhor daquele que não joga o problema na mesa e vê o barco pegar fogo. Ele age diferente da maioria e surpreende.

Independentemente de onde está, esse tipo de profissional sempre traz a responsabilidade para si e vai buscar uma solução tão impactante que não apenas cumpra tabela, mas eleve a marca de patamar. Ele faz acontecer, em vez de ficar se gabando em cima dos louros dos pares ou subordinados. Menos discurso e mais resultado concreto para mostrar, por favor! Com isso, faz com que os outros também tenham de se movimentar e entregar. Cobra atitude alheia não com bla-bla-blá, e sim com o próprio exemplo.

"Gente, esse cara é muito bom, mas ele mesmo não está sabendo se vender", já ouvimos colegas dizerem. Ora, ele sabe que precisa se diferenciar, senão outro talvez menos talentoso poderá roubar a cena dele; então, qual é o impasse? Um dos principais: muito provavelmente esse talento evita a todo custo "invadir" o espaço dos outros. A performance e a contribuição dele poderiam ser muito maiores e mais visíveis se não ficasse com esse tipo de melindre. Não é falta de autoconfiança. É respeito demais pela hierarquia, pelas posições, pelo seu quadrado... sem se dar conta de que hoje se pede tanto trabalho em time e de que um líder precisa de aliados, e aliados em todas as áreas da empresa. Com ética, sem querer derrubar o outro para aparecer, descobrem-se várias maneiras de ser colaborativo. Basta que seja um inconformado.

Esse tipo se comporta de modo muito diferente daquele outro que pensa "Eu até queria ter dado aquela ideia, mas não era da minha alçada". Como assim? Sua empresa precisa de ideias, seu setor também. O conformado aceita qualquer situação, chega a paralisar porque a economia do país está instável. Daí, seu colega mais inconformado se sobressai porque fica questionando tudo e todos, pondo o dedo nas feridas até achar uma solução. Faz observações não procedentes, buscando a solução, e não só para chamar a atenção do chefe.

Imagine que há três gerentes. Quem recebe primeiro os trabalhos feitos? Pode ter certeza de que é o mais inconformado deles. Sabe por quê? Ele pergunta, pede, mostra caminhos, acompanha, cobra, vai junto... Ora, ele está mais incomodado, mas de um jeito proativo. Enquanto isso, o conformado deverá ouvir, daquele funcionário que priorizou a entrega ao outro, que teve um atraso, que fará na semana que vem, que falta pouco. Ser inconformado não é ser chato, é ser leal à empresa. Porque nós não temos tempo a perder.

Vamos pensar "fora da caixa"

Colocar em prática as boas ideias e os projetos é certamente um segredo do sucesso. No entanto, isso significa não só agir: é fundamental fazer a diferença. Que tal olhar para um problema como se fosse um diamante? Pegá-lo na mão e analisá-lo de ângulos menos óbvios. Fugir do caminho mais fácil e mais seguro. O empreendedor nato aprendeu a *pensar* de maneira diferenciada por estar sempre preocupado em mudar o estágio da empresa, da penetração daquela marca, da posição daquele projeto.

Você pode mais — 99,9% não é 100% | 37

E uma coisa que a gente vê muito é aquela queixa: "Mas eu trabalho tanto, fico até altas horas na empresa dando conta do básico, que não dá tempo de pensar em inovar". Há uma confusão entre horas trabalhadas e produtividade de fato. Ainda se vê muito essa postura de vitimização. As pessoas confundem a dedicação em tempo com a dedicação em soluções. Ficam exaustas, embora criem pouco. E não estão fazendo a diferença.

Comprometimento não tem nada a ver com a quantidade de horas que você trabalha. Ele é expresso pelos problemas que você resolve. E, como o mercado está mais complexo e disputado na boca do caixa, quem pensar "fora da caixa" deverá ir mais cedo (e satisfeito) para casa e mais rápido para um cargo mais desafiador. Afinal, o mercado é ávido por novidades. Eu me coloco como um presidente diferente. Como qualquer um da equipe, comprometo-me a resolver todas as situações difíceis ajudando a pensar "fora da caixa". Gosto de alternativas na mesa. Quanto mais originais, melhor.

O que atrapalha é o muro, a barreira que as pessoas colocam na frente delas. No fundo, não acreditam que podem mudar de patamar com aquele cliente, alterar qualquer realidade. Não veem de maneira positiva, desafiadora. São aquelas que dizem "sempre foi assim" em vez de se encherem de adrenalina pensando "sempre dá para fazer diferente". Não se predispõem a analisar todo o potencial, porque se satisfazem com a meta mínima, quando têm todas as possibilidades de mirar na máxima.

Hoje, o mais difícil é fazer diferente, porque qualquer ousadia pode parar nas redes sociais. A velocidade da informação é tão grande, que você se expõe. E passa a ter telhado de vidro. Por causa desse risco, há quem prefira se esconder no comodismo, fazendo o básico. Mas por que a Bombril cresceu quatro vezes mais que a média do mercado e vem melhorando expressivamente nos últimos três anos? Porque saiu do comum, ousou sem medo de se expor (saiba mais lendo o boxe "Correr riscos: a iniciativa de afastar o Garoto Bombril", ainda neste capítulo).

Pragmatismo é uma praga que deveria ser combatida no mercado atual. Ele só funciona nas pessoas que estão em empresas que crescem porque têm força de investimento e acham que estão fazendo diferente. Não estão fazendo nada. Seguem o comum. Quem inova, sobe de patamar.

Especialmente nas formas de comunicação da marca, há quem evite ao máximo mudar o *status quo*, com receio de contrariar crenças, causas, limites sociais. É ilusão querer agradar 100% das pessoas. Como diz o ditado, "Nem Jesus Cristo conseguiu agradar a todos". Não é aquele mais criativo e original que obterá aprovação unânime. Ao contrário, quem é inconformado nunca será aplaudido pelos conformados — e os segundos nem deveriam estar no mercado. Você pode ter certeza de que qualquer empresa que queira crescer, galgar novos patamares, melhorar os resultados, valoriza o inconformismo. O que eu mais odeio é quando a pessoa fala: "A gente já tentou fazer isso aqui na empresa e não deu certo". Essa frase deveria ser banida das reuniões.

Em compensação, imagine um diretor de marketing recém-chegado sugerindo afastar temporariamente seu garoto propaganda, que é um ícone da empresa e amado pelo país, presente até no livro dos recordes, o *Guinness Book*, como o mais ativo e antigo numa mesma marca no planeta. Em matéria de pensar "fora da caixa" pondo a própria cabeça na guilhotina, eu ganho com louvor, e muitos chamaram essa ideia de suicida a princípio. No entanto, ela alavancou definitivamente o meu sucesso. Saiba por que no "Correr riscos: a iniciativa de afastar o Garoto Bombril", na página 40.

Na visão do próprio garoto-propaganda

Convidei Carlos Moreno, ator que dá vida ao personagem da Bombril que todos conhecem e apreciam, para dar seu parecer:

"Tenho o maior respeito, admiração e carinho pelo Marcos Scaldelai como profissional e como pessoa. Valorizo sua capacidade de pensar muitas coisas ao mesmo tempo, de liderar uma equipe e de conseguir resultados tão positivos em pouco tempo. É realmente extraordinário que um jovem entre numa grande empresa como diretor de marketing e, em consequência do seu trabalho, passe a responder por todo o comercial e pouco depois se torne o presidente. As ideias que ele implantou, desde 2010, foram tão bem-sucedidas que o conduziram a esse sucesso.

Assim que entrou na Bombril, ele quis me conhecer e apresentar suas ideias de rejuvenescimento da marca. Ou seja, já estabeleceu uma relação cordial de trabalho. Numa postura transparente, argumentou os motivos (que incluíam as percepções das pesquisas e as novas estratégias de expandir mercado) e me explicou sobre o afastamento temporário do garoto Bombril. Desde então, até hoje me deixa a par das estratégias de comunicação. O briefing, os objetivos – ele faz questão de me explicar tudo.

Voltando a 2011, quando vi a campanha Mulheres Evoluídas, entendi que ela 'falava' com o público pretendido (uma mulher moderna), mas achei extremamente agressiva. Por que as humoristas apareciam de terno e gravata, masculinizadas? E de óculos, que é uma marca registrada do personagem da Bombril? A minha opinião, na época, era de que a marca estava se indispondo com o universo feminino e o masculino. E falei tudo isso diretamente ao Marcos – de uma forma até exaltada, admito.

Disse que concordava com a proposta de modernizar, de desvincular a imagem da Bombril como uma empresa que só vende palha de aço, de atingir essa nova mulher que concilia casa com trabalho e outros interesses, de chamar o marido para a limpeza doméstica. Mas precisava comunicar isso de um jeito tão radical? A minha opinião foi de que poderia ter existido uma transição, e não uma ruptura da linguagem anterior, marcada por um humor ingênuo e afetivo. Representava o oposto do que sempre foi feito na comunicação da empresa com o meu personagem. Ouvi do Marcos que o objetivo era justamente impactar, surpreender.

Passado algum tempo, vejo quanto ele tinha razão. A campanha foi bem-sucedida. Ele me contou que alcançaram o retorno esperado, aumentaram as vendas, atingiram o público desejado. As mulheres estavam se manifestando a favor nas redes sociais. Então, ele teve visão e coragem. Nos meus projetos particulares de teatro, gostaria de ter essa visão empresarial que ele tem.

Aos poucos, o personagem da Bombril vem retornando às mídias. Participei de eventos internos, de programa de tevê, de um filme com a Dani e a Monica e deverei gravar com a Ivete Sangalo. Adoro dividir a cena com a Dani na internet, apresentando a TV Bombril. Nossa química funciona bem, e fazemos um contraponto ao estilo de humor um do outro. Preservar o garoto-propaganda dentro desse contexto atualizado, com a sua relevância para a imagem da empresa – que bom que o Scaldelai demonstra essa preocupação! Ter me convidado para dar este depoimento só confirma quanto é correto e honesto com seus colaboradores."

Correr riscos: a iniciativa de afastar o Garoto Bombril

Quando entrei na Bombril, em 2010, assumindo o marketing, logo pensei no que poderia fazer de diferente. Ao conversar com a nova classe média brasileira, da qual faziam parte as mulheres mais jovens que estavam movimentando o Produto Interno Bruto (PIB) do país, tive o retorno de que a marca precisava passar por um grande rejuvenescimento. E bem rápido. Como?

Valorizando esse perfil feminino contemporâneo: que foi com tudo para o mercado de trabalho, evoluiu dentro do cenário socioeconômico nacional e, em quase 40% dos casos, passou a prover a casa. Eu precisava mostrar que a Bombril evoluiu junto com essa mulher guerreira, trazendo ainda mais praticidade e tecnologia. Além de reforçar nosso grande objetivo de ser a melhor solução de limpeza para sua realidade atual.

Quando a gente fala de Bombril, vai além de seu sinônimo mais famoso, a esponja de aço, mas isso ainda não estava claro. E olha que o portfólio da marca contém mais de 500 itens, com vários lançamentos! Tem tudo o que os concorrentes oferecem e mais: o interesse de apoiar a nova atitude dessa mulher, que quer chamar o homem para o processo de limpeza, para a participação ativa na casa. Ela nos disse: "Estou trabalhando, colocando dinheiro dentro de casa. Nada mais justo que o trabalho doméstico seja dividido".

Ali, com a agência DPZ, enxergamos um grande desafio, uma chance maravilhosa de pensar "fora da caixa", que foi levantar essa bandeira feminina de uma forma absolutamente impactante. Propus à Bombril: "A melhor ideia para esse momento é afastar o Garoto Bombril".

Mostrava-se necessário que essa nova consumidora enxergasse a Bombril sem o garoto propaganda tradicional (sua estreia foi em 1978). Ele era associado somente à esponja de aço — e de uma forma distanciada da consumidora mais jovem. Por mais que o produto tenha 1001 utilidades, já há centenas de outros nas gôndolas que a atraem com o apelo da inovação. Não significava matar o Garoto Bombril, que a geração madura conhecia tão bem e adorava. Apenas afastá-lo temporariamente a fim de surpreender o mercado colocando a mulher em evidência. Em outras palavras, criar uma nova história para a empresa em que seu ícone incontestável com o tempo entraria nessa nova linguagem.

E assim nasceu a campanha "Mulheres Evoluídas", com três celebridades admiradas por mulheres de 20 a 40 anos pela sua atitude irreverente: Marisa Orth, Monica Iozzi e Dani Calabresa. Sem deixar de lado o bom humor, que é uma característica histórica da comunicação da Bombril, a atriz Marisa Orth proclamava num trecho do comercial:

> Pensa comigo: homem solta pelo, faz xixi no chão e eventualmente até baba. Praticamente um cachorro. Por isso, minha amiga: você que é um ser humano superior e evoluído, tem que adestrar o seu homem para que ele se comporte direito. Por exemplo, se ele pegar o balde com os produtos da Bombril e te ajudar a limpar a casa, o banheiro e ainda lavar as roupas, dá banhinho nele, faz carinho, deixa dormir na sua cama. Agora, pisou na bola, é jornalada na fuça. Comigo é assim.

Tal ousadia para o setor e para a comunicação brasileira rendeu rapidamente 28 milhões de comentários nas redes sociais a favor da campanha. Verdade que também tomamos uma saraivada de críticas, como bem disse o João Doria quando me entrevistou para o seu programa *Show Business*. "Homens discutindo esse papel. Mulheres discutindo esse papel. Mas deu certo. Foi uma campanha ousadamente correta", ele avaliou. Deu muito certo justamente por quê? Ambos os gêneros reagiram, envolveram-se na questão.

Pela primeira vez, o Conselho Nacional de Autorregulamentação Publicitária (Conar) recebeu 400 pedidos masculinos para tirar um comercial do ar. No entanto, para cada homem que criticava (e foi a primeira vez que acompanhamos uma campanha da Bombril nas redes sociais), vinha um batalhão de mulheres em defesa do conteúdo.

Vários reclamando assim: "Eu trabalho o dia inteiro e, quando chego em casa, ainda tenho de lavar louça? Se está ou não trabalhando fora, cuidar da casa continua sendo responsabilidade da mulher, foi o que aprendi na minha vida". E aí se firmou como um case de sucesso, pois as telespectadoras alegavam: "Quando o comercial é de cerveja, nós podemos aparecer de biquíni servindo a bebida na bandeja. Mas eles não podem ajudar na limpeza?".

A Bombril sempre foi amada pelo público mais maduro, que conviveu com a marca nos tempos áureos, absorveu a força daquela comunicação personificada na figura do Garoto Bombril. E isso passou para filha, nora, netos... Uma relação que permeia três gerações, mas que necessitava continuar relevante às próximas, ganhando novo fôlego.

Até a criação da campanha "Mulheres Evoluídas", o *target* da empresa realmente era composto de mulheres de 40 a 60 anos. Contudo, elas não terão vida eterna. E as de 20 a 39, como trazê-las para a experiência da marca? Quando as mais jovens me indicaram qual caminho seguir, só havia duas opções: ou "forçar" que gostassem do Garoto Bombril ou transformá-las em protagonistas. Preferi o mais arriscado, pensando "fora da caixa".

Ao afastar o ícone da empresa, coloquei a minha cabeça na guilhotina, poderia dar muito certo ou muito errado. Afinal, se não desse certo, ouviria no ato "Pudera, você afastou o Garoto Bombril!!!", e talvez minha carreira em marketing ficasse bastante arranhada. Tive a coragem de tirar de cena o garoto propaganda mais bem-sucedido da mídia brasileira e coloquei mulheres de atitude no lugar. Elas se identificaram de cara. Eles se incomodaram, mas... Se forem homens inteligentes, vão dividir com a esposa as tarefas domésticas, como eu faço na minha casa, e rejuvenescer a cabeça e a mentalidade.

Capítulo 3 — Como ser *O* cara, o número 1

Abro este capítulo perguntando: sendo o garoto Bombril tão conhecido e reverenciado, outro marqueteiro que entrasse na empresa faria o que em relação a ele? E se você estivesse no meu lugar, ousaria afastá-lo e ainda proporia tirar os homens do sofá para faxinar logo nas primeiras campanhas? Faço esse tipo de indagação quando sou convidado a compartilhar meu case em eventos sobre marketing. E o resumo da ópera é que a maioria apostaria em manter o mesmo estilo de campanha.

De fato, o personagem Garoto Bombril sempre foi muito admirado, e tem uma lembrança de marca fantástica. Além disso, oferece facilidade de trabalho a qualquer marqueteiro cauteloso. Investir em mídia usando esse personagem é meio caminho andado. Como as pessoas já sabem que virá uma campanha com humor e param para assisti-lo, nem é preciso ter tanta frequência. Tudo isso funciona, tirando um detalhe: eu tento me esforçar para não agir nem pensar como a maioria.

Sempre quis ser *O* cara, o número 1. Para isso, sempre me desafio a pensar "fora da caixa" e procuro acelerar na carreira buscando situações para colocar a cabeça na guilhotina. Enquanto isso, quem se preocupa mais em salvar o pescoço vai continuar sendo um bom funcionário. E só. Eu quero ser *outstanding* (em tradução livre, fora de série, excelente). Estar além. Então, tenho de fazer diferente. E, acredite, dá para fazer tudo diferente. E, assim que achar esse caminho ainda nebuloso aos outros, colocar suas fichas de ouro nele.

Isso não quer dizer que não bata aquele frio na barriga. Uma ponta de medo é inerente ao risco. O meu receio era de que todo mundo comentasse: "Cadê o Garoto Bombril? Que absurdo tirá-lo do ar!".

Não houve impacto negativo. Pelo contrário. O contexto desse novo momento foi tão forte que as pessoas criaram a expectativa de ver a volta do Garoto Bombril no novo formato e com uma pegada multimídia.

Inicialmente, o próprio ator Carlos Moreno estranhou minha estratégia "fora da caixa", mas pouco depois assimilou da maneira correta, sentindo um reflexo extremamente positivo na sua carreira e na continuidade de seu personagem. A grande sacada foi que achamos um caminho, junto com a agência DPZ, em que mantivemos o mesmo tom leve e bem-humorado dele na mensagem do trio de famosas. Depois, contratamos ainda a cantora Ivete Sangalo, tão talentosa quanto divertida, para celebrar a mulher evoluída do país. Ela é carismática e 100% produto nacional. Bombril também é. As duas fazem parte de uma mesma cultura. São quase unanimidades.

Assim como a Ivete Sangalo brilha por onde passa ou o Garoto Bombril faz a diferença nas impagáveis gravações com a humorista Dani Calabresa para a TV Bombril, que criamos e exibimos no site da marca, nós também podemos irradiar nossa energia proativa e nossa competência em tudo o que fazemos. O caminho mais rápido é sempre extrapolar os limites. Trabalhar na capacidade máxima para bater metas e ser considerado *O cara*.

Todos aqueles que almejam acelerar na carreira jamais devem se contentar com pouco. Para isso, devem entender quanto antes que 99% não é 100% e que o coração deve bater comercialmente, tão forte quanto o dos colegas, pares, subordinados, superiores. Em todas as etapas e fases, a empresa inteira deve estar constantemente vendendo. Faça sua parte — melhor ainda, tome a dianteira, mostre que é diferenciado e lidere as mais inovadoras ações com todo o seu espírito empreendedor. Não há o que temer.

Atitude de protagonista

Ser um presidente jovem é uma das consequências de ser o protagonista, o número 1 em tudo o que realizo. E uma pergunta comum que me fazem, principalmente os jornalistas, é se eu já senti preconceito por ascender à posição máxima na hierarquia com 36 anos.

E já respondi várias vezes que não senti nenhum tipo de discriminação, nem interna nem externa, porque nunca me coloquei na posição de estar fora dos padrões. Quem se sente confortável na posição que ocupa considera a própria conquista justa, não teme correr riscos, entrega os melhores resultados e supera as expectativas de quem o contratou. Ou seja, está muito mais propenso a fazer com que os outros não o vejam com preconceito.

Minha escalada foi um processo normal, de construção, em que fui ganhando experiência, sem pular etapas. Tenho segurança de tudo o que fiz desde o primeiro salário, como estagiário na Nielsen, empresa de pesquisa de mercado. Portanto, o fato de a gente achar que merece chegar aonde está, que tem competência para o cargo que ocupa, que está preparado para as responsabilidades e os desafios que assume faz com que nunca nem cogitemos ser vítima de preconceito.

O que já senti foi um estranhamento inicial, o que é compreensível. Se fosse CEO de uma empresa de tecnologia, por exemplo, pareceria mais natural. No entanto, adoro ter no meu currículo que estreei nessa função justamente numa empresa de grande porte, reconhecida por três gerações, fundada em 1948. Além disso, no caso da Bombril, 60% do faturamento vem do atacado, que costuma ser liderado por empresários de mais idade e com longos anos de experiência prática. Contudo, sempre me senti muito à vontade, porque a estratégia que comecei a implantar, do rejuvenescimento da marca... eu personalizo!

Percebia, sim, um olhar de surpresa na minha primeira visita, e isso me desafiava a mostrar a eles meu conteúdo. Se havia alguma brincadeira, não passava de "Nossa, mas você é muito jovem! É mesmo o presidente da Bombril? E esse cabelo espetado?". Como eu estava seguro do que ia fazer, quando iniciávamos uma conversa, caía por terra qualquer impressão de que eu fosse imaturo. Tais clientes logo sentiam em mim uma responsabilidade que talvez não enxerguem com tanta facilidade nos dirigentes de outras empresas.

Visitar clientes pessoalmente, sentar para dialogar e decidir uma venda? Sim, faço isso. E gosto. Eu sou um presidente ativo. Vou até sua cidade para um café em seu escritório, e isso já é um espanto para muitos. Quantos deles nunca conheceram nenhum presidente das grandes empresas? Essa aproximação ajuda demais a apagar qualquer faísca de preconceito. Cria um relacionamento positivo, com base no olho no olho, e evita a criação de uma imagem fantasiosa a meu respeito. Porque eles convivem com o Marcos real. Eles me conhecem.

Nas conversas, passo a minha maturidade, seriedade e visão de gestor. Estou na frente dos clientes para realizar. E não para falar que vou pedir autorização a alguém, depois voltarei com a resposta. Estou lá para confirmar que podemos fazer, para amadurecer alguma ideia, para tirar qualquer empecilho do caminho, porque tenho o poder da decisão. Quando você propõe uma ação prática e prova por A + B que dá resultado, automaticamente ganha a confiança do seu interlocutor. Ele se esquece da sua idade. Nessa hora, não é o que importa. Chegamos juntos às mesmas respostas e às mesmas estratégias.

Pelo momento que o país vive e pela oportunidade que me foi dada, o mercado vê a juventude de uma maneira muito positiva. Se eu for apontar algum efeito da juventude nos negócios, ele é benéfico. Digo isso por uma constatação curiosa. Quando você mostra resultado e é mais jovem, faz o seu cliente pensar: "Nossa, esse cara é um cometa". A mesma situação protagonizada por um profissional mais velho parece mais normal. Afinal, ele faz isso há tantos anos! E o que apresenta pode ser visto como básico.

No entanto, o que mais importa é estar bem preparado. E aí facilita bastante você ter galgado vários cargos antes para passar segurança no que está falando, decidindo, negociando. Sou jovem, mas me aprofundo tanto no meu ramo de atuação e nas informações sobre os clientes, que eu os encontro para conversar e resolver. Estou lá sabendo o que estou *fazendo* lá.

É isso o que se espera de um protagonista: não importa a função que ocupe, que entre todo dia na empresa tomando para si a responsabilidade de resolver. É uma vontade de querer liderar mudanças que deve fazer parte da sua essência profissional. Não é só para quem tem cargo de chefia. Deixar sua assinatura, sua marca individual nas vitórias da empresa exige que realmente encare sua jornada como um oceano azul, sem nunca ver o fim. Quando está pronto para isso, torna-se generalista e se põe à disposição para atender a necessidade latente do mercado de profissionais diferenciados.

Excelência no presente

É essencial cultivar diariamente a ambição de crescer, mas alto lá. Uma coisa é você saber o que quer, como eu sempre quis: "Meu objetivo é ser o presidente da empresa". Outra muito diferente é ficar vislumbrando a cadeira máxima sem colocar a mão na massa para fazer acontecer. Realize. Seu foco precisa ser o presente, com um trabalho excelente *hoje*, muito superior ao da maioria, para trazer o futuro para a sua mão e não para a do vizinho de mesa. Com essa consciência de que a sua excepcional entrega "falará" por você, pode ter certeza de que a valorização virá. E o melhor: sem ter de pedir isso ou aquilo.

Por experiência própria, posso dizer que esse raciocínio dá mais certo. Sempre me concentrei em me superar no presente.

E, assim, fui ganhando tanta visibilidade que nunca precisei reivindicar aumento de salário nem promoção. As recompensas vieram. Nunca falharam. Eu paro para pensar sobre como a minha carreira acabou se acelerando e visualizo nitidamente o sucesso como resultado da minha dedicação e ousadia, com base em quatro valores fundamentais que compartilho com você ao longo deste livro. São eles: otimismo, lealdade, senso de urgência e visão de dono.

Sempre quis ser *O* cara em todas as empresas para as quais trabalhei. Visto realmente a camisa, compro a ideia do grande objetivo dos acionistas e coloco em prática na potência máxima. Para manter os resultados numa escalada positiva, ascendente, impactante, costumo falar aos meus funcionários dos vários níveis:

Você é muito mais valorizado quando coloca sua energia, não em pedir algo para daí fazer, e sim em ser *O* cara: aquele que não está ali só para realizar o trabalho normal, para o qual foi contratado. Nem por isso deixe de ser humilde e simples. Apenas explore 100% seus conhecimentos, sua capacidade de superação de resultados e seu treino para pensar constantemente em como fazer diferente em prol de um futuro sem limites.

Se um funcionário chega a ponto de entrar na sala para pedir cargo ou aumento de salário é mau sinal. Pode ser que o chefe não tenha olhado no tempo certo ou esteja se fingindo de morto para economizar para a empresa. Desculpe, esse não é um líder. E, caso você seja subordinado a alguém assim, deve arrumar seu currículo e procurar outra empresa que o valorize mais.

Mais cérebro do que braço

Quero deixar claro que estou falando da minha forma de fazer gestão, que acredito ser a mais justa e produtiva a todos — afinal, foi a que escolhi. Cada vez precisaremos menos de braços e mais de cérebro. Profissionais do segundo grupo são sempre valorizados, disputados, fazem a diferença em qualquer setor ou lugar. No mínimo, uma vez por ano precisam ter meritocracia. E é nesse momento que alguém insatisfeito discute — não salário, e sim os porquês de, de repente, não ter subido para essa ou aquela posição mais bem remunerada. O passo seguinte será acordar com seu chefe o que precisa aprimorar para subir de patamar, qual será o seu programa de desenvolvimento individual (PDI) que muitas empresas fazem.

Quando digo que nunca precisei pedir nada é porque a minha entrega sempre foi muito positiva, muito acima daquilo que me era designado. E as pessoas que estiveram acima de mim, graças a Deus, enxergaram o meu mérito e me recompensaram. Assim, acredito que, quando você é muito diferente, você se destaca e é percebido. E gera medo no seu empregador de perdê-lo. Igual a relacionamento amoroso.

Eu movi montanhas para segurar um funcionário que estava fazendo um excelente trabalho, por exemplo. Queria dar mais desafios a ele com apenas seis meses de casa. Se alguém vem demorando demais para ter o reconhecimento que deseja, deve repensar se está sendo mais braço do que cérebro. Reflita, porque tem dois pontos aí: ou você realmente precisa ser mais cérebro (mostrando isso) ou está subordinado a um mau gestor, daquele tipo que não puxa a equipe pelo exemplo. O verdadeiro líder sabe valorizar as pessoas eficientes que estão abaixo dele, mesmo que precise reestruturar algo para valorizar quem merece.

99,9% não é 100%

Eu sempre me cobrei ser *O* cara, acredito que isso traduz o comprometimento. E quem é assim não aceita não superar a meta, como um atleta vitorioso que deseja vencer o próprio recorde. Se eu deixar de fazer algo mínimo (pode ser um 1%), não me dou por satisfeito. Para mim, 99,9% não é 100%, e explicar esse conceito é ponto central deste livro. Se isso é ser perfeccionista? Não é essa a questão. É você sempre achar que pode mais. Olhar tudo aquilo que vai fazer pelo potencial máximo, e nunca pelos limites.

Todos temos de trabalhar com o desejo de mudar de patamar. Eu não admito, especialmente quando estou à frente da equipe comercial, que alguém apareça no último dia desculpando-se de que não vai bater a meta. Ele teve trinta dias para achar todas as saídas possíveis e impossíveis para realizar aquela venda. Por que esperou o leite derramar para chorar? Traga todas as opções para a mesa e vamos escolher juntos a melhor.

Não faço gestão sem ter alternativas para analisar. Vou até os vendedores no último dia do mês para tomar as decisões finais, mas exijo encontrar a mesa cheia de opções — mesmo que seja a mais esdrúxula, não vamos descartar se ajudar no resultado. É possível dar um desconto aqui, mais um pouco ali, bolar uma promoção especial num ponto de venda determinante... até chegar lá. A estratégia a adotar dependerá do que existe para ser escolhido.

E olha que atingir 100% é obrigação mínima de cada um. Parto dessa base. São aquelas pessoas que gostam de dizer: "Eu vou chegar aos 100%!". E eu respondo: "Vá além. Você sempre pode mais".

Entregar 100% é o básico, sua obrigação. O profissional comum divide essa meta em 20% com um cliente, mais 30% com outro, até projetar o resultado final de 100%... Mau negócio! Não caia nessa! Agindo assim, ele não está considerando todo o potencial da sua carteira. Quem for mais arrojado na busca por resultados nunca buscará 100% no total, e sim 100% com cada cliente. E, assim, facilitará o caminho para chegar a, tomara, 300%.

Como profissional preparado e comprometido, eu me coloco ultrapassando os 100%. Não conseguir me incomoda demais. Sempre entreguei todas as cartas possíveis e impossíveis ao meu chefe, com o objetivo de trazer os resultados, cabendo a ele decidir a melhor forma de conduzi-los. Repito: você tem de entrar na empresa para ser *O* cara. É lógico que, se for mesmo *O* cara, vai acelerar todos os passos. Eu sempre extrapolei todas as expectativas dos meus chefes, e isso foi encurtando os espaços entre as promoções que recebi e todos os outros benefícios.

É isso que eu procuro passar na minha gestão. A minha liderança vem com a força do meu exemplo. Eu "abraço" as pessoas que estão comigo, para também não se contentarem com 99,9%. Tanto que quem não cumpre o objetivo fica com vergonha, chateado se precisa me encarar e lançar a pior frase de todas: "Não consegui". E quero que fique incomodado mesmo, para decidir consigo mesmo se superar no próximo mês. É feio não fazer a meta. Claro que há problemas lá fora, da economia, do país, mas os outros também têm. Está tendo problema no mercado? Ganhe *share* (pedaços dele) ocupando o espaço do concorrente. Não veja problema, veja opções de solução.

Não dou margem para a pessoa vir com desculpas, porque me coloco à disposição para ajudar. Temos trinta dias em que pode me chamar para tudo, me pedir tudo. Vou atrás da melhor solução junto com ela, mas não sou mágico. Tem de me acionar, e não ficar isolado com o problema.

Foco em resultado, não em cargo

Vale ressaltar que querer ser *O* cara não implica passar por cima de ninguém. Num grupo, cada pessoa tem a sua maneira de pensar, sua velocidade de reagir às mudanças, suas prioridades individuais... Respeitar os valores de todos (relacionados com religião e com questões familiares, por exemplo) faz parte de uma habilidade importante do profissional de sucesso, que é saber se relacionar. No entanto, o fato de você se expor sem medo, querer sair na frente e ser vitorioso na sua meta profissional faz com

Você pode mais — 99,9% não é 100% | 53

que seja mais observado e mais demandado. Tem mais é que se destacar mesmo.

Eu odeio quando as pessoas ficam com melindres, titubeando em acelerar e explorar sua ambição. Quem quer ser *O* cara vai fazer o possível e o impossível para superar aquilo que tem como propósito, que é entregar o resultado da atividade pela qual é contratado. Caso alguns colegas não gostem é porque estão se sentindo muito fracos perante o que *eles próprios* estão entregando.

Pode reparar: quem foca no que precisa entregar no presente e não fica mirando apenas em ocupar o cargo x, y ou z, não passa por cima de ninguém. Porque o seu propósito é o seu resultado, ciente de que é isso que o levará a outras posições. Já quem olha fortemente o próximo cargo gasta energia pensando em como vai derrubar o outro. Afinal, um tem de levantar para o outro sentar naquela cobiçada cadeira.

Tudo é solucionável

Francamente, a minha vida não diverge da de várias pessoas que venceram dificuldades financeiras e chegaram a um patamar mais reconhecido. No entanto, eu me considero um profissional diferenciado e sempre coloco em cheque esse fato diante das dificuldades. Não me estresso, porque sei que há solução para tudo. Um funcionário fala: "Marcos, não achei saída, e todos estão desesperados ali".

Escuto e começo a levantar alternativas para mudar aquela situação. Estranhando a minha calma, a pessoa repete:

— Mas, Marcos, esse problema é gravíssimo.

— Tudo bem. Vamos olhar o problema de vários ângulos, que a gente acha o caminho e resolve.

Às vezes, surge um potencial cliente que ninguém consegue ganhar. Aí eu me sinto na obrigação de conseguir. Parto do princípio de que ele verá um jovem de cabelo espetado presidindo uma grande empresa e pensará: "Como é que eu vou confiar nesse cara?". No entanto, eu desarmo sua resistência dizendo exatamente aquilo que ele gostaria de escutar.

Para ser *O* cara, anote isto: o cliente diz claramente o que ele quer escutar. É só você não ser ansioso e acompanhar o raciocínio dele enquanto conversam. Em seguida, hora de jogar a semente daquilo que ele quer que você plante. Aprendi a agir assim — e é como se quebra barreira. Se você não atende o desejo do cliente já cria um muro. Assim, demonstro que quero solucionar suas queixas perguntando:

— Qual é o problema?

— Vocês dão um prazo curto de pagamento – ele responde.

— Ok, nós esticaremos o prazo. Qual o outro problema para você não trabalhar com a gente?

— Vocês poderiam me dar uma margem melhor.

— Ok, faremos um estudo para uma margem melhor. Há algum outro problema?

— Não. Eram só esses dois.

— Então, podemos ter uma oportunidade com você?

— Se resolvermos esses dois problemas, podemos trabalhar juntos.

Volto para a empresa, faço um estudo, dou aquilo que ele está querendo, retorno e peço várias contrapartidas. É o reinício de uma negociação que deve ser ganha-ganha. Quando ele se sente encostado na parede, lança:

— Mas isso eu não posso.

— Então, você não está querendo negociar comigo. Eu vim aqui e fiz tudo o que me pediu. Agora estou pedindo para me ajudar, e você não me ajuda? Então, não quer negociar com a nossa empresa.

O negócio acontece, com os dois lados vencedores. Ser persuasivo é uma fortaleza a desenvolver. Assim como trabalhar também o emocional do cliente, tratando como uma relação humana e não robotizada. O fato de receber o presidente já faz com que ele se sinta orgulhoso. O cliente pensa: "Poxa, o presidente está vindo me ver". Isso abre tantas portas! Deixo minha marca por onde passo, tomando o cuidado de permitir que a minha equipe dê continuidade e execute a venda.

Manter a autoridade dos vendedores é essencial. Como líder, não quero fazer por eles. Apenas não cobro a equipe sem desempenhar o meu papel, que é tomar as decisões necessárias para que o trabalho deles flua. E eu gosto de problemas, peço à equipe que compartilhe. Vou aonde estão os nós mais difíceis de desatar.

Dívida de favores

Falando ainda em clientes, há aqueles que querem impor condições para não fechar negócio, imaginando que vou jogar a toalha e dizer "não". Isso, porém, me desafia, porque eu aceito testar o que eles julgam precisar. Por exemplo, a um que pede que eu coloque quatorze promotores num fim de semana, respondo: "Está bem, eu ponho. Não tem problema".

E, assim, vou criando dívida de favores. Porque aceito, implemento e testo. Depois, volto para dar um feedback. Se o esforço tiver valido a pena, comemoro junto. Se o resultado tiver sido diferente do que ele imaginava, eu argumento (digamos que quatro promotores teriam sido suficientes para o volume de gente circulando naquele ponto de venda) e passo a ser visto de maneira diferente. Não tenho problema em testar. E gosto que seja assim. Ele passa a ter uma dívida comigo, e eu aumento a minha credibilidade com ele.

Quem disse que seria impossível fazer negócio com esse ou com qualquer outro cliente? Para mim, brilhar é superar o impossível, que nunca chega. O impossível nunca chega.

Minha descoberta na saída da Nielsen

Meu primeiro emprego foi aos 19 anos, na empresa de pesquisa de mercado Nielsen, como um dos estagiários de vendas. E, ao contrário dos outros, acabei efetivado. Passados dois anos, recebi proposta de um dos clientes, a Pillsbury (hoje, General Mills) para ser analista de marketing, depois gerente. Fiquei dez anos lá, revolucionando a imagem de algumas marcas, como a *Häagen-Dazs*. Até que o presidente mudou para a nacional Bertin, possibilitando minha ascensão a diretor de marketing e P&D (planejamento e desenvolvimento).

Quando a empresa foi vendida para a JBS, uma entrevista comigo sobre inovação na revista *Exame* chamou a atenção do visionário principal acionista da Bombril, a companhia nacional das 1001 utilidades. Ronaldo Sampaio Ferreira pensou: "É de um doido assim que precisamos aqui". De diretor de marketing e P&D a diretor comercial e presidente, foram apenas quatro anos. E cheguei em 2013 ao meu objetivo de presidir uma empresa com história e, principalmente, com futuro.

A presidência significou o reconhecimento do meu trabalho como profissional de marketing. Almejo ser uma referência de profissional que revolucionou o marketing e tornou-se presidente de empresa com uma visão estratégica de que essa área nunca pode se separar de vendas. É a minha grande diferença em relação ao que existe hoje. Um presidente que olha o mercado e vive a marca que representa. Que participa do que está acontecendo lá na ponta e consegue traduzir as reais necessidades e oportunidades daquela empresa. Que sabe do que ela precisa em cada momento para ter competitividade e ultrapassar todas as barreiras.

E, aqui, vou abrir um grande conselho que norteou toda esta minha trajetória de sucesso, num espaço de tempo relativamente curto. Tenho certeza de que também será útil a você, que é de qualquer área. Ouvi na minha saída da Nielsen, de um diretor que gostava muito do meu trabalho: "Quer ser *O* cara? Gruda no comercial".

Como eu o agradeço por esse conselho! Segui-o à risca e hoje não consigo dissociar marketing de vendas, que representa a ponta. Ao aproximar-se do comercial, você vai entender completamente como o seu negócio pulsa, funciona, pode avançar. Ele está presente em tudo, pois o grande objetivo de todos numa empresa é faturar. E quanto antes você incorporar na sua rotina diária a ideia de que o comercial não é um departamento isolado, mais fará com que sua carreira acelere.

A estratégia é pensar que não existe marketing nem vendas. Existe comercial. Meu sucesso como profissional de marketing é porque sempre me assumi como comercial, unindo os dois conceitos. Quem tem um coração comercial hoje é quem apresenta mais chance de impulsionar seu crescimento na hierarquia. Então, o que eu faço na minha gestão é que todas as outras áreas (financeiro, recursos humanos etc.) consigam enxergar pelo olhar da área comercial, que é o que move a empresa.

Esse conselho faz com que você enxergue a realidade e consiga ajudar sua equipe a trazer os resultados com mais facilidade. Ou fazer parte do problema e evidenciá-lo com mais facilidade. Simples assim — mas desafiador na prática. Enxergo no mercado atual que o desenvolvimento de carreira, independentemente da área em que você atue e do patamar em que esteja (vale tanto para trainee quanto para gestor), exige ter esse espírito comercial.

Sinceramente, seu sangue pulsa em busca de resultados? Bato muito nessa tecla porque é o que vai torná-lo um profissional disputado pelas melhores companhias. Não adianta querer fugir disto: se você não trouxer resultado, não vai se destacar da multidão nunca. Será mais um número no crachá.

Eu já vendi massas, iogurte, sorvete, carne, detergente e esponja de aço... e posso dizer que essa visão de ser comercial falta nas empresas de varejo e também em outros tipos de negócio. Claro! Qual empresa não precisa trazer resultado? Tem alguma que não precise vender nada? Tanto para serviço como para produto físico ou virtual, ela precisa faturar, ou não sobrevive, então é muito melhor brilhar.

PARTE 2 – VALORIZAÇÃO DA ESSÊNCIA

Capítulo 4 — Comunicação e autenticidade

Enquanto vários profissionais tentam se destacar imitando alguém — e se transformam, no máximo, em um genérico ou uma paródia — eu digo: para você ser *O* cara tem mais é que transformar a sua essência na marca do sucesso. Fortalecer a autoestima, ser autêntico e mostrar o seu melhor, sem se deixar diminuir pelos outros. Comunicar-se com excelência, passando credibilidade pelo olho no olho e pelo seu compromisso de ser um líder acessível. Para explicar como cheguei a essas conclusões, vou voltar às minhas origens.

Eu nasci e fui criado em Catanduva, uma cidade com pouco mais de 120 mil habitantes, distante quase 400 quilômetros de São Paulo. Morei nela com meus dois irmãos mais velhos e meus pais, que eram também professores da escola pública onde estudei até a oitava série. Amo minha cidade natal, me orgulho demais da infância que tive e guardo ótimas recordações. Contudo, essa parte da minha vida, até meus 17 anos, você vai conhecer mais adiante. O que quero ressaltar neste capítulo é que eu era um caipira. No sentido clássico da coisa. Sim, um caipirão de quase 1,90 m, difícil de passar despercebido.

Enquanto morava no interior, não via problema nisso porque todo mundo tinha sotaque e puxava os "erres" e ia ao mesmo cinema, clube ou lanchonete semana sim, semana também. E eu chamava a atenção de uma maneira positiva: pela minha criatividade, curiosidade e facilidade de comunicação. Então, todos que me conheciam desde pequeno me diziam que deveria escolher uma profissão que explorasse essas características. Dito e feito. Passei no vestibular de quatro das cinco faculdades que me interessaram. Uma delas era a Escola Superior de Propaganda e

Marketing (ESPM), considerada a melhor para o curso de Propaganda, publicidade e marketing.

De malas prontas, o moço de Catanduva se mudou para a capital levando na bagagem toda a sua determinação de vencer na vida, assim como suas origens, sua autenticidade, sua essência. Eis a primeira prova de fogo...

Seja genuíno

A autenticidade é um valor que deve nos acompanhar em qualquer emprego, ambiente, situação, relacionamento. Ela nos dá uma assinatura própria, que nos diferencia de todos. Não dá para eu falar da minha autenticidade sem relembrar minha chegada à faculdade. Para minha surpresa, me vi rodeado de "patricinhas" e "mauricinhos", uma juventude bem-nascida, viajada, com uma visão de mundo completamente diferente. E, nem que eu tentasse, conseguiria disfarçar minha "caipirice". Sem nenhum preconceito, na ESPM estudavam muitos meninos e meninas da alta sociedade. E quem vinha da vida simples do interior se sentia muito burro. Nem tanto pela condição socioeconômica, e sim culturalmente falando.

Meus colegas paulistanos desde pequenos tiveram acesso facilitado a uma riqueza de peças de teatro, shows, exposições, festivais de cinema e outras manifestações artísticas. Enfim, toda uma ebulição que não chega às cidades menores com a mesma intensidade. Então, era inevitável que eu percebesse tal contraste e me julgasse fora dos padrões, um patinho feio e depenado, exposto. Pudera. Saí de um ambiente escolar onde era visto como um aluno inventivo, que pensava bem à frente dos colegas, astuto e participativo, e me transportei a outro no qual me considerava um chinfrim, a pessoa mais tola da face da Terra.

Não faltavam adjetivos em tom de brincadeira, mascarando o chamado *bullying*, pelo fato de eu carregar nos "erres" das palavras nos primeiros meses. Tanto que, quando meu irmão vinha me visitar, eu mesmo estranhava e chegava a pensar "Nossa, como esse cara é caipira!". Quem já se sentiu em desvantagem em qualquer ambiente acadêmico ou profissional me entende bem. Muitas vezes eu chorei calado.

No entanto, nunca me esforcei para perder meu sotaque catanduvence. Achava que minha essência era o que me fazia único, mesmo que nem todos a aceitassem de início. O que você tem de genuíno é um tesouro individual a ser abraçado, não desprezado. Sabe por quê? Renegar seus diferenciais é um trabalho de escondê-los mal. Muito melhor transformá-los em forças. Quem rejeita sua essência, sua identidade, acaba sendo falso, não mostra sua verdadeira face, sua maneira de conduzir as coisas. Você se torna, como disse no começo deste capítulo, um genérico. Cadê o seu valor?

Nas aulas de algumas disciplinas mais subjetivas, como filosofia, o meu desnível cultural em relação aos meus colegas se sobressaía mais. No entanto, isso também me dava força. Queria provar àquelas pessoas que ter vindo de um universo interiorano não ia me fazer menor, menos capaz. Ao contrário, a minha essência ia superar isso, ia me fazer maior do que eles — disso eu tinha clareza.

Acredito que muita gente deve passar por esse tipo de desafio o tempo inteiro. Às vezes, entramos em ambientes em que nos sentimos muito bem, acolhidos; há outros em que ficamos intimidados. Quem é do interior tem uma maneira bem espontânea de criar relações, de olhar nos olhos enquanto fala. Eu sofria por imaginar que estava sendo um incômodo para aquela turma, que se relacionava de uma maneira, digamos, mais contida.

Eu não fazia parte daquele mundo, mas essa sensação não deveria anular meu jeito autêntico e comunicativo de ser e agir. Lembro o nosso primeiro trabalho, sobre a ditadura. Estudamos e resolvemos tratar pelo viés da arte. Por causa da minha atitude de pensar "fora da caixa" e de querer fazer algo diferente, propus entrevistarmos artistas renomados que haviam sofrido na vida real com a repressão militar e que estavam encenando no teatro os dramas daquele período histórico.

Meus colegas duvidaram de que essas pessoas nos recebessem, mas tanto fiz que consegui colocar todo o grupo cara a cara com feras do porte de Marília Pêra e até com o presidente do Grupo Votorantim, Antonio Ermírio de Moraes. Ele havia escrito sua primeira peça justamente sobre esse tema. Tentei contatá-lo de várias formas e insisti com a secretária do grupo. Fomos recebidos por esse grande executivo no escritório dele.

Uma vez que estávamos estudando a ditadura, nada melhor do que ouvir pessoas importantes que a tinham vivido. Tiramos a maior nota da sala. E fui eu, o caipira do interior paulista, que liderei o trabalho! Porque eu sempre acreditei que a autenticidade, o desejo genuíno de chegar até as pessoas tem um efeito poderoso, capaz de atraí-las para aquilo que você quer delas, tornando possível uma comunicação eficiente e uma cumplicidade nos seus objetivos.

Ser genuíno é uma qualidade daqueles que querem criar uma assinatura profissional diferente. Quem tem juízo adora as pessoas verdadeiras e se afasta das dissimuladas. É verdade que a gente paga um preço por não ser maria-vai-com-as-outras, especialmente no começo da vida profissional. Quando eu trabalhava na General Mills, por exemplo, alcançava a maior nota na avaliação de desempenho entre os gestores. Entretanto, sempre tinha um ponto a melhorar. Sabe qual era? Por ser muito autêntico, não conseguia ficar indiferente nas reuniões: se alguém falasse besteira e dissesse algo do qual eu discordasse, por exemplo, a minha cara estampava o que eu tinha vontade de dizer. Fechava os olhos, fazia uma careta...

Passei anos recebendo esse tipo de feedback até encontrar, aos poucos, o equilíbrio de me manter respeitoso e educado, mas sem abrir mão de ser autêntico, genuíno. Além disso, à medida que as pessoas conhecem sua essência, elas tendem a compreendê-lo melhor.

Valorize o olho no olho

A sua essência é revelada também pela excelência com que se comunica. Quando você é verdadeiro, passa uma credibilidade que vale mais do que qualquer assinatura contratual. Além disso, para obter o efeito desejado e interagir realmente, precisa saber se o que vai falar é o que o outro quer escutar, e também cuidar da forma (lugar, hora, tom de voz...) como transmitirá sua mensagem. Tem de ser personalizada de acordo com o seu interlocutor. Eu diria que é uma arte a ser aprimorada sempre. Exercício contínuo.

Você precisa entender a pessoa com quem está falando, pois cada um tem uma maneira particular de absorver a comunicação. Então, fale na língua do seu superior com o seu superior, fale na língua do seu subordinado com o seu subordinado. O mesmo vale para clientes das várias regiões do Brasil. Os do Sul têm uma cultura totalmente diversa dos do Norte, por exemplo, e nós temos a obrigação de nos comunicar bem com ambos. Como já disse, cada cliente diz claramente o que ele quer escutar — em palavras ou em atos. É só não sermos ansiosos e acompanhar o raciocínio dele enquanto conversamos.

Não basta apenas respeitar regras da boa educação e convivência. É preciso realmente facilitar ao máximo para que o entendimento aconteça da maneira que o outro quer entender. E não o contrário, com ele tendo de se adaptar ao seu jeito de se expressar. Este é um dos grandes desafios de um líder: saber se comunicar bem com variados públicos. O Silvio Santos, por exemplo, introduz temas novos partindo de uma postura como se ele não soubesse. Uma vez o vi falar da Britney Spears, perguntando pra plateia quem era aquela moça. Claro que, no ano de 2014, o dono de um dos maiores conglomerados de mídia do país sabe que é Britney Spears, mas ele também sabe que precisa conversar com seu público sem se sobrepor a ele.

A partir do momento em que assumi o posto de presidente, em que tenho de falar com toda a empresa, faço questão de estar muito próximo dos departamentos — em momentos diferentes, nas situações boas e nas difíceis. Fui pessoalmente aos três complexos industriais da Bombril, em São Paulo, Pernambuco e Minas Gerais, para conversar com a maioria dos 3 mil funcionários e transmitir o meu desejo, os valores, os objetivos, o nosso norte daquele instante em diante. Uma empresa é feita de pessoas — e isso não é só retórica. Quão importante é estar com elas, passando o seu plano de crescimento exatamente da maneira que gostariam de escutar! Significa valorizá-las, o que facilita o engajamento.

Para não ser artificial, muito menos falso, desenvolver a empatia ajuda bastante. Porque você se coloca no lugar de seus colaboradores, pensa nas expectativas que eles têm do representante maior da empresa onde trabalham. Por esse caminho, qualquer abordagem mais dura que precise ter será mais bem aceita. É óbvio que, como novo presidente, eu me preparei muito bem antes das visitas. Procurei saber quais seriam os assuntos mais polêmicos, os problemas de cada grupo, o que estava acontecendo em cada local e setor.

É lógico que me fizeram perguntas mais delicadas, mas o olho no olho acaba com qualquer possibilidade de o considerarem superior. E outra: em todas as plantas contei que sou filho de professores, saí do interior para batalhar por uma vida melhor para a minha família, cheguei à capital com um cartão de crédito que não me permitia fazer nada além de comer. Ou seja, criei empatia com aqueles funcionários, que também não receberam nada do céu. Isso faz parte da comunicação com autenticidade. Não criei uma história para encantá-los. Eu falei a verdade.

Também ressaltei que quem faz a sua carreira é você, e não o seu empregador. É saudável lembrar que cada um decide o próprio

66 | Marcos Scaldelai

destino, se a trilha será de sucesso pelas atitudes diárias que escolhe tomar. Não tem isso de que a vida me favoreceu mais. Compartilhei com eles que sempre planejei a minha jornada profissional para conseguir chegar ao topo. Quando comecei a trabalhar, optei por investir em mim, deixando para casar e ter uma família com outra idade mais tarde. Por exemplo, guardei dinheiro para estudar inglês fora do país nas minhas primeiras férias, agarrei todas as boas oportunidades, toquei os projetos que me deram com sangue nos olhos.

"Falo a vocês abertamente: eu procurei estar onde estou hoje. Lutei para conquistar esta responsabilidade e este reconhecimento. Quero continuar crescendo junto com vocês", disse a eles, mostrando um horizonte de projeção, levando o meu exemplo.

Na ocasião, reforcei que eventualidades acontecem, como um problema familiar sério, mas ter um plano de voo faz a diferença. Eu nunca parei de investir em mim. O melhor movimento que cada um pode fazer para ampliar a carreira é investir no próprio potencial, nos seus sonhos, no seu grande objetivo. Sem deixar de aumentar seu conhecimento. Quis comunicar tudo isso nesses primeiros encontros aos funcionários para que me conhecessem e pensassem em mim como uma inspiração: "Esse cara batalhou, veio de longe e tem mérito".

Revele-se um agente de mudança

Ninguém em sã consciência quer ser apenas mais um na sua equipe, alguém que pode ser dispensável numa possível reestruturação. Pois dificilmente um líder vai abrir mão daquele que, por meio de sua autenticidade e habilidade de comunicação, revela-se um agente de mudança. Procure incorporar essa qualidade às outras que já tem. Talvez até já possua internamente e só precise explorar mais, expandir, evidenciar.

E, se ocupar um cargo de direção, descubra também quem tem esse perfil para colocar essas pessoas nos lugares que necessitam de uma recarga rápida de boas energias, de um clima mais positivo. Não que seja fácil tê-los. Esses indivíduos são disputados pelo mercado. No entanto, quando há um desses trabalhando num departamento, ele se sobressai e é facilmente percebido por um gestor observador.

Agentes de mudança compram a sua ideia, querem levar para a frente, carregam o grupo com sua postura motivadora e proativa. Em outras palavras, são interessados. Não importa onde estejam, parecem deixar o local mais vivo e iluminado, comunicam-se de forma muito particular (usando sua autenticidade) e influenciam, animam, contagiam o grupo com seu propósito de subir de patamar. Eles passam longe do muro de lamentações.

Sou formado também em música, esse é o meu hobby. Eu adoro cantar. Quando fui para a faculdade na capital, encontrei um amigo que gostava muito de escrever. Começamos a compor melodias com letras divertidas. Chegamos a criar uma banda, mas com a vida executiva não deu mais para conciliar os dois. Ali eu já exercitava a criatividade e a alegria, que são duas características marcantes da minha personalidade. Talvez por isso eu não goste de trabalhar com pessoas que deixam o ambiente pesado, que parecem a hiena Hardy, do desenho clássico da Hanna Barbera.

Existem profissionais que são agentes de transformação, donos de uma energia positiva que ajuda a trazer o resultado; e você pode ser um desses. Além disso, ainda pode apurar o olhar para identificar outros influenciadores e colocá-los nos locais necessários. Eles fazem com que os outros acreditem que há solução para tudo. E há.

Tenha um diálogo aberto

Um autêntico agente de mudança interessa-se por saber sempre quais são as dificuldades e as prioridades. Ele sabe que os problemas são, antes de tudo, oportunidades, e, assim, conversa sobre tudo com a própria equipe. Como diz uma famosa música, ele "não foge da luta". Importante lembrar que diálogo implica perguntar, mas também abrir um canal para escutar, para poder resolver junto com a equipe, em vez de dizer "agora se virem" e dar as costas. Os colaboradores se sentem apoiados, e isso tem um valor enorme.

Eu me coloco como um líder acessível. Gosto que as pessoas venham até mim, que falem dos problemas. Não é possível apenas ouvir elogios e notícias boas (céu de brigadeiro a gente só vê nas férias). Eu me conheço bem, porém, e sei que sou um cara emotivo, então tenho de me controlar bastante, pois já houve casos em que choraram na minha frente. No entanto, um gestor na minha posição precisa entender que trabalha com muitas pessoas. Dispõe-se a ajudar para que elas cresçam. O que não pode é se pautar por exceções, ou abrirá precedentes. Tem de ser justo, olhando ao mesmo tempo para o indivíduo e o coletivo.

Digamos que um vendedor não consiga negociar com algum cliente. Peço que venha falar comigo, que vou ajudá-lo. Pode ter certeza de que não vai ser uma dificuldade para mim.

— Ele compra só um pouquinho, não consigo fazê-lo aumentar seu pedido — às vezes se queixa um funcionário.

— Quer que eu chame esse cliente para almoçar? Ou convide-o para visitar nossa empresa? — eu sugiro como forma de aproximação. E a partir daí já começamos a pensar em negociações diferenciadas que atendam a esse cliente mais difícil, atendam suas necessidades.

Só não admito que ele "espere a casa cair" para depois comunicar. Eu não vivo de espera.

Ter esse diálogo aberto e constante permite entender o envolvimento de cada um com as metas e corrigir qualquer desvio de rota com agilidade. Quanto mais transparência existir na relação profissional, mais natural e eficiente é o feedback. Aquele chefe do passado, autoritário e ameaçador, não combina com o momento atual. Ficou no passado. Ele não propicia esse diálogo e o entendimento. A pressão continua necessária para alavancar a busca do resultado, não para massacrar as pessoas. Deve haver a consciência de que os resultados precisam ser atingidos, para ganharmos mais dinheiro e reinvestirmos em prol de todos.

Quando compartilhada com o grupo, a pressão é muito mais entendida. Se ela recai somente sobre um indivíduo, é muito mais inibidora. Isto é, o líder deve viver essa pressão com o grupo, dizendo, por exemplo, "Nós vamos atingir o resultado antes do previsto", "Você tem de mostrar para mim as possibilidades", "A empresa precisa muito desse cliente", "Eu estou junto, vamos achar o caminho". Já bem diferente, e de efeito duvidoso, é falar: "O problema é seu", "Só me apareça com o resultado", "Dê um jeito nisso", "Se não atingir, saiba que a sua cabeça será cortada".

Evite a miopia que leva a desencontros

Às vezes, pode bater a tentação de preferir não enxergar algumas coisas para fugir do conflito. Todos nós passamos por isso, somos humanos. O problema é que quem foge do conflito hoje causa um trauma maior amanhã. É muito melhor conversar com os envolvidos, a fim de resolver, para poder pôr a cabeça no travesseiro e dormir tranquilo. E digo mais: vá ao encontro da raiz do problema, não só a ponta.

Comparo a situação com esta cena: digamos que você tenha plantado algo no seu jardim que não floresceu. Aí, replantou num vaso e deu certo. De que adiantou? Dispõe de um jardim inteiro para utilizar. Qual a raiz do problema? É falta de adubo? Esses desencontros precisam ser trabalhados para que não incomodem mais, bem debaixo de seus olhos.

Quantos funcionários acham que não estão agradando, sem imaginar que o chefe os elogia nas reuniões com o RH! Quantos vendedores poderiam vender mais bastando ouvir calma e atentamente as solicitações do cliente! Quantas pessoas se sentem discriminadas ou perseguidas por algum motivo, quando isso não passa de fantasia da cabeça delas! Melhorar a comunicação, conversar, dizer do que você gosta, pôr na mesa o que espera do outro, perguntar "Qual é o problema", agradecer quando for ajudado são posturas capazes de evitar várias injustiças e desencontros no trabalho. Elas favorecem o entendimento — pois ainda não trabalhamos na base da telepatia — a colaboração e o alinhamento de expectativas.

Muitos conflitos surgem, dentro e fora da empresa, por causa da maneira como uma pessoa trata a outra. Quando alguém me diz que tal pessoa é difícil, seca, "complicada", eu provoco: "Desculpe, você já avaliou como está tratando essa pessoa? Talvez não esteja se aproximando da melhor forma. Tenho certeza de que, se envolvê-la nos processos e dizer 'Vamos fazer juntos isso ou aquilo', ela vai vê-lo de forma diferente, mais positiva".

Minhas apresentações inesquecíveis

Posso afirmar com todas as letras que valorizar a minha essência, sendo autêntico e me comunicando bem, fez a minha carreira decolar. Até o meu sotaque e a minha ligação com a música, veja só, tiveram um papel superpositivo lá no início. Vou explicar do começo. Meu pai queria que eu me dedicasse só aos estudos. Contudo, de tanto ouvir que teria dificuldade de conseguir emprego caso não estagiasse, peguei no quadro de avisos da ESPM um anúncio da Nielsen, uma das maiores empresas de pesquisa de mercado. Meu breve currículo informava: 19 anos, curso de música em Catanduva, terceiro ano de propaganda e marketing. Lá fui eu.

Entrevista agendada no quilômetro 14,5 da rodovia Raposo Tavares. Não tinha passarela para atravessar. Quase morri ali mesmo, atropelado. Mas quer saber? Trabalhar com pesquisa foi uma experiência maravilhosa que recomendo aos estudantes de marketing. Ajudou a abrir minha cabeça e a entender as diferenças de mercados, regiões, produtos, consumidores; mostrou como criar estratégias para conseguir ir além do muro, enxergando corretamente a informação. E na entrevista o gerente recrutador que me atendeu adorava música e ficou empolgado com a minha conversa. Bingo!

Estagiei por dois anos ciente de que, assim que me formasse, não seria efetivado por falta de vaga. No entanto, em dezembro, o chefe do meu chefe passou por mim e voltou.

— Qual é seu nome? — ele me perguntou.

— Marcos.

— Você é o estagiário que não vai ser efetivado?

— Sou.

— Queria que você fizesse uma apresentação para mim.

Chamou a responsável pelo treinamento, que depois veio me dar as coordenadas:

— O Vinícius quer que você faça uma apresentação. A categoria é conhaque.

Eu não sabia nada de bebidas, fui pesquisar. No dia D, quando terminei a apresentação, esse Vinícius falou para o meu chefe:

— Você não ia efetivar esse rapaz?

— Nossa, Marcos, você me surpreendeu! – disse meu chefe.

— Esse moleque é maravilhoso — reforçou o superior dele.

Saí da sala efetivado, passei por uma bateria de treinamento e ganhei uma carteira de clientes para atender. Antes, uma recomendação da treinadora:

— Você é muito caipira no sotaque, precisa mudar isso.

Fiquei tão bravo! E meu pai mais ainda! Pensava: "Será que eu vou ter de renegar a minha essência para ser bem-sucedido? Isso não faz sentido". Eu não queria (e nem sei se conseguiria) mudar algo que faz parte da minha história, que é genuíno. Não era ator de novela, ora! No entanto, o meu sotaque se revelou uma vantagem. Atendi a vários altos executivos, como o presidente da Rayovac, que também eram do interior de São Paulo, e esses clientes me adoravam. De chateado passei a me sentir prestigiado, valorizado.

Um desses clientes era a Pillsbury, que nos encomendou pesquisa sobre um de seus principais produtos, a linha de massas Frescarini. No dia da apresentação ao diretor-geral no Brasil, Marcos Gonçalves, e sua equipe, meu chefe não pôde ir, então fui sozinho. Já estava acostumado a ver, nesse tipo de reunião, uma forte tensão entre a equipe de marketing e a de vendas: a primeira costuma dizer que a segunda não vendeu, e esta se defende alegando que a primeira não soube promover. Ou seja, ninguém quer assumir a responsabilidade pelo resultado, que, dessa vez, tinha caído absurdamente.

Embora estivesse inspirado e muito bem preparado para a missão, representava ali um portador de más notícias. A Frescarini passava por um momento crítico. Havia perdido *share* (fatia do mercado) desde que deixara de ser distribuída pela Danone, ficando a cargo da Parmalat. Ao final, o diretor-geral elogiou minha apresentação, embora não disfarçasse o nervosismo com a constatação do estrago. E me perguntou na lata:

Você pode mais – 99,9% não é 100% | 73

— Qual é a sua recomendação?

— Eu acredito que vocês deveriam solicitar o nosso serviço de Observador (estudo que detecta a presença ou não de um produto no ponto de venda detalhando em microrregiões) para ter mais detalhes sobre essa queda de vendas — respondi, seguro, àqueles executivos com anos a mais de experiência.

Essa foi outra prova de fogo em que usei minha autenticidade para recomendar que fossem até a raiz do problema da distribuição. Para surpresa geral, o Marcos Gonçalves deu um soco na mesa e concordou, mirando num de seus assessores enquanto dizia:

— Eu falei sobre o Observador! Acabou a reunião.

No dia seguinte, antes das 9 horas da manhã, meu telefone tocou. Do outro lado da linha, o Marcos Gonçalves me chamava para conversar. Era uma sexta-feira, *casual day* na Nielsen, nem estava vestido de um jeito apropriado para impressionar. Cheguei lá e ouvi que ele queria me contratar. Seguiram-se aí dez anos cheios de aprendizados nessa empresa (que mais tarde se tornou a General Mills) e passagens marcantes, como a compra da marca de pão de queijo Forno de Minas e a construção da grife de sorvetes Häagen-Dazs no Brasil. De analista de marketing júnior, evoluí para pleno, sênior, gerente de produto e depois gerente de marketing. Trabalhei com cinco presidentes diferentes. Fui gerenciado diretamente pela profissional formidável Graziela Vitiello. Tive o melhor coaching que poderia ter tido.

Em ambas as apresentações, eu me saí bem porque tenho um estilo bem didático de mostrar os problemas para atingir o resultado. Como disse no início deste capítulo, preocupo-me em me expressar de forma que as pessoas que estão na sala compreendam o que quero passar, a tão importante comunicação. Tanto que montei um book a partir da minha explanação sobre a Frescarini, que depois virou padrão na empresa.

Quando aquele diretor-geral me pôs contra a parede, perguntando o que eu recomendaria diante da vertiginosa queda de vendas do produto, eu poderia ter dito "Vou levar a situação para o meu chefe, ver com ele o que é o melhor". Mas não. Dei meu parecer porque sou genuíno, me exponho e ponho a cabeça na guilhotina. Sei que causei um mal-estar pela minha autenticidade. Mesmo sendo júnior, com apenas 21 anos, respondi. E deu certo!

Capítulo 5 — Coragem de assumir riscos

Para acelerar na carreira e chegar ao pódio, você precisa cuidar para nunca entrar na zona de conforto, ousando mais do que a maioria para se sobressair. Obstáculos aparecem, mas são transponíveis desde que use a sua coragem para se desviar deles. É só enxergar a melhor forma. O problema não é encontrar obstáculos. O problema é acreditar que eles são maiores do que o salto que você pode dar e, daí, não se arriscar. Perigo!

Quando o setor de vendas encontra um obstáculo pela frente, a primeira tentativa é achar uma justificativa. Não permita esse tipo de fuga, pois é nessa hora que o time deve mostrar como é forte, encarar o que pode estar travando o resultado. Trata-se simplesmente de passar a enxergar qualquer problema positivamente, como um desafio para buscar um caminho diferente, que ainda não foi pensado ou tentado.

A partir do momento que vencer esse obstáculo, poderá vir qualquer outro, que estará pronto para superá-lo, fortalecendo ainda mais a sua determinação de assumir riscos e avançar mais rápido que a maioria. As atitudes a seguir ajudam bastante nesse momento.

Associe risco a oportunidade

Quem coloca obstáculos somos... nós! Uma situação difícil pode ser a posição macro do país, do mercado, mas nem considero um obstáculo, uma vez que se trata de uma conjuntura que se apresenta igualmente para todos os concorrentes.

O que seria, então, um exemplo de obstáculo? É quando o cliente já pede um valor de investimento inviável só para você desistir de fazer negócio, porque ele na verdade não está a fim. Lucra bem com outros fornecedores e pode achar que está incomodando, mas, digo à minha equipe, se você não conseguir olhar para esse cliente e provar ser diferente dos outros fornecedores, ele continuará confortável na própria postura.

O obstáculo nasceu para ser superado. Se alguém pedir uma condição de negócio difícil, nunca ache que aquilo é um obstáculo. Monte um plano para oferecer o que o cliente pediu, mas criando uma contrapartida que irá favorecê-lo. A gente tem o vício de transformar desafio em obstáculo para justificar alguma ineficiência ou insegurança.

Talvez você diga: há imprevistos, surpresas externas, de mercado. No entanto, ainda assim, há o plano B de ocupar espaço de participação do concorrente. Se ele lança um produto que é bem-sucedido, torna-se um obstáculo. E por que você não pode lançar um produto bem-sucedido também? Por que não pode fazer uma ação com foco em outro atrativo, como preço? Ou até mesmo uma forma de pagamento diferenciada para um conjunto de produtos? Cada caso tem de ser analisado. Se eu não vendi um produto, posso oferecer outro para compensar aquele, por exemplo. Eu arrisco.

O que quero dizer: se a gente cria os obstáculos, pode criar também as formas de sair deles. É uma questão de escolher entre a solução ou o problema. O meu objetivo é atingir um resultado. Se estou conduzindo de uma forma e tenho um problema, parto para outra forma.

Para isso funcionar com você também, blinde-se daquelas pessoas que desejam convencê-lo de que aquilo é um obstáculo. Como líder, não me comovo com lamúrias. Quando alguém vem falar comigo nessa linha, respondo: "Nossa, mas isso é um obstáculo? Vamos lá! Vamos ver outra forma".

Comigo não tem essa. Eu detesto trabalhar com quem sofre da síndrome de Horácio, o personagem da Turma da Mônica conhecido pelos "braços curtos". Ele adora falar de obstáculo: para que fazer esforço? Prefiro usar a tática de encarar a dificuldade como oportunidade e me arriscar acima da média para me sobressair. É uma escolha. Qualquer dificuldade, qualquer obstáculo é uma oportunidade.

Quando você vê um obstáculo e pensa "Tenho o risco de não chegar ao resultado", está andando para trás. É muito diferente de falar ao seu gestor: "Estou visualizando esse cenário, e existem alguns riscos com os quais estou trabalhando para superar".

Digamos que, por exemplo, saia em todos os jornais que o país não está bem economicamente. Se eu ler e acreditar nisso, já estou assumindo que o meu risco não é risco, e sim obstáculo, e não vou realizar nada. Agora, se eu leio e penso "Tudo bem, mas a minha saída é outra", saio decidido a lutar para ganhar o espaço do concorrente e me concentro em como fazer isso. Essa pode ser a oportunidade de enfatizar os produtos de preço mais acessível, por exemplo, ou ir para outra região do país.

Você decide o tipo de profissional que quer ser: aquele que trabalha os riscos positivamente, olhando as oportunidades, ou negativamente, olhando os obstáculos. Existe uma diferença brutal! Quem trabalha os riscos olhando os obstáculos, desculpe, mas a realidade é que você sempre terá dificuldade de chegar ao resultado. Para quem trabalha os riscos pensando nas oportunidades, talvez em um mês não venha, mas tenha certeza de que no outro virá. Isso serve para todos os outros cargos.

Pensando na fábrica, se sou um operário e cuido de uma máquina que ameaça quebrar, o que posso fazer? Dizer ao meu chefe: "Eu consigo cumprir minha meta, mas, se a máquina quebrar, meu risco é de perder 2 mil toneladas".

No entanto, é bem diferente dizer: "Existe um risco, mas, se ela quebrar, já encontrei um fornecedor que pode fazer para mim".

No segundo caso, o operador já tem um plano B, uma oportunidade. Ele não está só em cima do seu obstáculo, que é a quebra da máquina.

Seja o primeiro a acreditar

Você deve ser o primeiro a acreditar naquilo que fala, pede, cobra e almeja. Se não estiver confiante, como vai convencer sua equipe a ter coragem de assumir riscos também? É condição essencial ao profissional que quer ser *O* cara mostrar a própria crença de que as ideias e ações vão dar certo até que todos da equipe a entendam.

Tem muito chefe que passa a bola para a frente, dizendo apenas: "O país está passando por uma fase difícil, mas você tem obrigação de trazer a sua parte".

Para mim não existe "você tem", e sim "nós temos". Eu me coloco sempre dentro do jogo com todo o time. Corremos riscos juntos. Nunca deixo que eles se sintam sem respaldo. E o respaldo não é para ter justificativa para aquilo que faltou. O respaldo é para ter as possibilidades para fazer acontecer. Sou o primeiro a entender a situação e atuar como encorajador, sabe por quê? Por acreditar que tudo pode ser possível.

Portanto, nunca ache que o grupo não pode vencer uma barreira, por mais difícil que pareça. Como já disse, o que o cliente está esperando é que você chegue com um discurso que ele quer escutar. Então, desafie-se a preparar o discurso correto. Assim, verá que pode encontrar caminhos. Fazer o outro acreditar é liderá-lo a fim de que consiga enxergar possibilidades. Afinal, para acreditar, a pessoa tem de ver os caminhos, as opções.

Assim, quando o líder dá uma orientação aos membros de sua equipe como esta: "Não enxergue pela meta, enxergue pelo potencial máximo de cada cliente", ele está ajudando que cada um veja não apenas um valor fatiado entre os clientes, mas várias possibilidades de aumentar o seu bolo. Isso faz com que cada profissional se sinta confiante para alcançar muito além do que já tem.

Já se disser: "Brilhar é alcançar o impossível", ele quer incentivar essa busca. Isso porque do possível para o impossível existe uma infinidade de possibilidades. Para quem estiver olhando todo esse espaço, o possível será muito fácil de atingir, será muito mais palpável.

Tudo isso funciona para quem tiver coragem de se arriscar, acreditando que tudo pode ser feito e superado, numa corrente em que o ponto final sempre está no impossível, ou seja, não tem fim. Todo projeto deve ser montado para trabalhar em cima dessa confiança ilimitada.

Quando você busca o impossível, automaticamente assume muitos riscos, pois cria situações em que você tem de apostar em ideias "fora da caixa", a fim de conquistar o seu cliente. Para dar um exemplo, digamos que queira convencê-lo a aumentar a fatura:

— Eu vou comprar um produto que tem uma venda razoável, e você quer que eu dobre o pedido? — muitas vezes questiona o cliente, duvidando da promessa de lucro.

— Se a gente fizer uma promoção especial no fim de semana, vamos conseguir vender o dobro. Você não vai perder nada. Eu aposto, vou investir nisso para mostrar que vale a pena e depois você dá continuidade. Topa? — incentiva o vendedor, assumindo riscos.

É fácil acreditar no que já foi 100% comprovado. O profissional que quer ser *O* cara faz apostas que não estão 100% garantidas. E acredita tanto nelas, que consegue bater a meta e fazer o cliente acreditar junto com ele.

Escolha um "pai"

Todo projeto ou ação precisa ter somente um "pai". Não dê a mesma missão a vários. O líder é o responsável maior, mas, para a empresa atingir o resultado, cada um tem a própria obrigação, o próprio comprometimento. No entanto, uma situação que não pode acontecer é quando o gerente ou o supervisor faz a função do vendedor.

Não pode haver falta de entrega na equipe. Quem é o "pai" do projeto? É o João. Como ele não está conseguindo, então eu vou fazer a parte dele porque gosto muito do cara. Este é um procedimento errado, que confunde a apuração de resultado e o desenvolvimento profissional de quem está envolvido.

Digamos que o projeto do momento dentro da empresa seja o desenvolvimento de um novo produto. Quem tem de ser o "dono"? A área de marketing. Claro que participam outras áreas, mas uma delas tem de direcionar, olhar para os riscos como oportunidades e alinhar o ritmo do negócio.

Talvez você pense que o dono deveria ser o químico que criou a fórmula do produto, mas eu digo: não necessariamente. O "pai" do projeto é aquele que consegue guiar o todo. E talvez a área de P&D, à qual pertence o químico, não tenha condições de liderar os outros departamentos envolvidos. Já o marketing possui a visão do todo, importante para montar o planejamento de vendas e outras necessidades, além de analisar e administrar melhor os riscos. Quando o P&D deve ser "dono"? Quando se referir a um projeto de redução de custo (RC), pois poderá trabalhar um conjunto de ações dentro de sua operação para atingir a meta. Ou seja, esse projeto está sob seu controle.

Portanto, o "pai" não é quem reivindica "Deixe esse projeto com a nossa área, pois queremos tocá-lo", mas quem tem mais condições de guiar o todo. É responsabilidade do gestor escolher uma área para assumir cada projeto, cujo representante reúna as melhores condições de guiar a equipe e os outros departamentos envolvidos na execução, do começo ao fim.

Outro exemplo é quando há ruptura (falta) de um produto. Quando não há estoque de um produto, pode ser indicativo de falha ao programar o volume ideal a ser produzido, um problema na fábrica ou projeção de demanda feita pelo marketing e por vendas insuficiente para atender aquela venda. Quem é o "pai"? É a área de planejamento. Independentemente de quem provocou o problema, o planejamento vai identificar onde estão os prováveis gargalos e, principalmente, achar a solução.

Importante: a área responsável precisa contar com o engajamento de todos, incluindo o do presidente. Como falei, a equipe se compromete, mas ele é o responsável por tudo, é quem assume os riscos junto. Essa é a atitude que se espera de um líder, e não que ele apareça depois que alguém derrapa feio, lançando uma frase desmotivadora, como: "Eu disse que isso não ia dar certo, que não era para fazer assim".

No momento em que vamos para a guerra, estamos todos juntos. Se você deu o tiro errado e matou alguém que não devia, foi o líder que pediu que agisse assim. Essa é a atitude de liderança. Cada projeto precisa ter somente um "pai", mas cada integrante não deve se isentar da responsabilidade maior. Até porque, agindo assim, cada um tem muito mais força para que a execução seja concluída.

Supere a sua realidade

Hoje há mais oportunidades ou crises? Não podemos ignorar o fator econômico da realidade que vivemos. O Brasil tem muitos problemas de logística (que atrapalham a dinâmica de distribuição), de impostos (especialmente para quem depende de insumos importados), de corrupção (dispensa comentários!). No entanto, tudo isso existe para mim e para todos os meus concorrentes, portanto, não é argumento.

Há tantas brechas para crescer, ocupando espaços novos ou dos concorrentes, e isso dá fortaleza para enfrentar as tempestades. Aquele que se destaca é o que busca as oportunidades nos piores momentos. Ele se diferencia mais ainda. Na verdade, arrumar desculpa é fácil. Contudo, temos vários exemplos de profissionais que obtiveram sucesso investindo pesado em momentos de crise.

Quem quer superar a meta o tempo todo, assume também riscos porque sabe que pode ser mais competente do que já é. E, ao superar um risco uma vez, torna-se uma bola de neve: quer superar de novo e de novo, entra num ritmo que o coloca em outro patamar. Se enfrenta um problema, tem de levantar a cabeça rapidamente para não deixar que isso se torne, ao contrário, uma bola de neve negativa.

Eu trabalho com a bola de neve que cresce positivamente. Em nossa equipe, resultado é para ser alcançado. Se determinada área enfrenta dificuldades em um mês, outro departamento com melhores possibilidades deve suprir essa brecha. Temos de trabalhar em todas as frentes aparentemente impossíveis, para trazer o possível para muito perto, pois irá nos manter sempre numa bola de neve de superação.

Considerar a realidade é pouco. Quem tem coragem de assumir riscos quer superá-la. Para dar um exemplo, digamos que determinada região consuma mil caixas de amaciante, sendo cem caixas compradas de minha empresa. Se falarmos com cada cliente, conseguiremos fazê-los comprar mais. Por que não vamos buscar o máximo de cada um? Por que temos de acreditar que fazemos apenas parte de uma parte? Queremos fazer parte do todo da clientela local. Caso contrário, já estamos nos limitando.

Encarar desafios que alterem os patamares de maneira surpreendente é um caminho rápido, que irá direto ao sucesso. A ponto de muita gente olhar e pensar "Será que vai dar certo?". Afinal, o que todo mundo nem questiona porque já considera de antemão que funcionará é o básico.

Se der certo, você terá um salto em sua imagem profissional, em seu status dentro da empresa, na carreira, no orgulho pessoal. Se der certo, será bárbaro. Isso é muito saudável.

Um profissional com espírito empreendedor, muito a fim de superar a sua realidade, me perguntou certa vez: "Como posso fazer diferente para mudar de patamar de verdade?".

E eu respondi: "Se você fizer bem feito o comum, poderá ser um ótimo funcionário, ter carreira, ganhar parabéns pelos seus anos de dedicação! Mas crescerá muito mais rápido se não tiver medo de se arriscar e desbravar caminhos que superem todas as expectativas".

Coloque a cabeça na guilhotina

Não dá para dar um salto na carreira apenas com um currículo fantástico, sem correr riscos. E o maior risco é ter a cabeça cortada pela guilhotina caso não consiga transformar suas ideias inovadoras em ações inovadoras. No entanto, acovardar-se é pior. O melhor é olhar pelo lado positivo. Se a sua ousadia trouxer melhores resultados para todos, se pontuar para sua equipe, você será visto pela empresa e pelo mercado como o cara que joga para ganhar.

Isso não tem a ver com idade nem com experiência e muito menos com sobrenome tradicional. Tem a ver com a sua capacidade de entrega. Então, estamos falando de um patrimônio que é seu e de mais ninguém, que vai carregá-lo a todos os lugares e o tornará conhecido de maneira única.

Eu sempre me arrisquei. Adoro criar algo que provoca comentários do tipo: "Realmente você superou as minhas expectativas, eu não esperava que fosse para esse caminho".

Em tudo o que me apresentam, eu enxergo um oceano azul, nunca vejo o fim. A minha visão é de infinito. Estou sempre me desafiando e me arriscando a superar os limites. E reafirmo que colocar a cabeça na guilhotina é buscar sempre desafios; é nada mais, nada menos do que pensar "fora da caixa". O líder atual deve ser o primeiro a fazer isso, o que não significa apenas se expor, mas, por vezes, tumultuar a própria vida, sacrificar momentos — não vou negar.

Alguns profissionais ficam mais temerosos de pôr a cabeça na guilhotina quando têm família, pois temem perder o emprego. Entretanto, a falta de inovação é a sua maior ameaça, pois permite que outro mais criativo e destemido brilhe mais a ponto de ofuscá-lo. Assim, sugiro pensar que, para os melhores profissionais, sempre haverá um lugar que os mereça.

Falando em família, sempre me perguntam em entrevistas como concilio a presidência com a vida pessoal, uma vez que sou casado e pai de um casal. Quando decidi formar uma família, sabia que um dia teria filhos. Eu tinha esse grande objetivo também. Sempre trabalhei muito, e minha esposa me apoiou a cada instante. E tem de ser assim, ou seja, um apoiando o outro na sua jornada profissional, reciprocamente. Quando as crianças nasceram, mudei algumas características, a fim de construir uma relação saudável com a minha família. Não poderia perder essa grande oportunidade que Deus me deu de gerar filhos e viver perto deles.

Moro em São Paulo. Trabalho muito. Volto no fim do dia mais tarde do que eles gostariam? Sim. Entre 9 e 10 horas da noite. Às vezes, meus filhos estão acordados, outras vezes não. No entanto, não uso mais o computador quando estou em casa. Fiz esse pacto com a minha esposa depois que tivemos o primeiro filho, em 2011. Assim, de sexta à noite até domingo à noite, sou 100% da minha família. Vivo a vida deles, em função deles. Agindo assim, escapo daquele lamento clássico de muitos executivos de que "Puxa, não vi meus filhos crescerem, passou muito rápido". Esse risco eu não queria correr.

Troco fralda, tiro a turma da cama, preparo banho e almoço, partilho as tarefas domésticas. Assumo também minhas responsabilidades como marido, pai e dono de casa. E, nessa hora, homem também põe a cabeça na guilhotina, porque "ai dele" se não fizer uma tarefa doméstica muito bem feita! Brincadeiras à parte, também me programo para ter diversão conjunta. Quando dá, vamos para uma casa de campo no interior, próximo da capital. Lá eu respiro e recarrego as energias para na semana seguinte dar 100%, e não 99,9% — procurando colocar a cabeça na guilhotina sempre!

O nascimento do meu filho

Meu primeiro filho nasceu em março de 2011, junto com o lançamento na mídia da campanha "Mulheres Evoluídas", o carro-chefe da grande revolução na imagem da Bombril que começávamos a fazer no mercado. E, lembre-se, por uma ideia minha, do recém-chegado diretor de marketing que adora pensar "fora da caixa". Eu estava preparado para causar polêmica, fazer diferente, surpreender com uma mensagem publicitária tão provocativa quanto bem-humorada. Acreditei tanto que convenci a empresa de que a ousadia nos levaria rapidamente a um patamar muito melhor.

Devo avisar que uma boa dose de polêmica é benéfica para quem quer fazer uma mudança de patamar. Geralmente, as multinacionais odeiam polemizar, por isso têm de investir muito mais para "fazer barulho". A essência delas não é essa. Quando você trabalha numa empresa nacional deverá ter mais espaço para se arriscar com uma comunicação que chame a atenção, gastando menos que as multinacionais.

Por mais que eu tenha calculado os riscos nesse caso, nunca imaginei que tantos homens, mais de 400, reclamariam em peso ao Conselho Nacional de Autorregulamentação Publicitária (Conar). Sou homem também, mas saí em defesa da valorização da mulher e do seu apelo para que o parceiro finalmente dividisse os serviços domésticos, aliviando a dupla ou tripla jornada feminina. Acreditar piamente nisso era essencial para a campanha ser o sucesso que foi.

Podemos concluir que a reação tão conservadora dos representantes da ala masculina mostrou que tocamos num ponto fundamental, que a sociedade precisava tirar a limpo.

86 | Marcos Scaldelai

Que bom que foi a Bombril a protagonizar essa contribuição! E víamos o risco positivo (oportunidade) de termos um batalhão de mulheres do nosso lado, defendendo a campanha. Seria um risco negativo (obstáculo) se apenas olhássemos para a resposta dos machistas.

Começou a borbulhar uma série de comentários nas redes sociais já na primeira semana de campanha no ar, como todo tipo de opinião. Nós monitoramos. Na sexta-feira, minha esposa ligou dando a notícia mais importante da minha vida: "Marcos, estou indo para o hospital. Nosso filho vai nascer".

Eu estava saindo da empresa para encontrá-la quando minha secretária me deu outra notícia importante: "Acabou de chegar um documento do Conar avisando que poderá retirar a campanha do ar". E eu custei a acreditar nisso.

Na verdade, a carta nos informava sobre as reclamações, sinalizava a possibilidade de isso acontecer caso elas crescessem e pedia uma explicação, um posicionamento da empresa. Nós precisávamos agir com urgência para oferecer ao conselho os argumentos mais sólidos em favor da manutenção da campanha. Ou perderíamos todo o investimento com produção, veiculação...

Ali no carro mesmo, indo para a maternidade, li aquele papel várias vezes e acionei advogado, agência de publicidade e propaganda que desenvolveu a ideia, gente da minha equipe. Enquanto isso, meu coração de pai também batia apreensivo ao ver minha esposa tentando segurar nosso filho protegido em sua barriga.

Nunca tive um fim de semana tão tenso, era como se sentisse a guilhotina encostada no meu pescoço. Além disso, não estava conseguindo vivenciar direito aquele momento maravilhoso do pré-nascimento do meu primeiro filho. Então, eu decidi. Quando minha esposa foi para a sala de parto, desliguei o celular e me concentrei na chegada do meu primogênito e em apoiar a mulher que eu amo. Que emoção!

Depois que meu filho nasceu e os dois estavam bem, eu saí da maternidade e só voltei com a questão da campanha solucionada. Fiquei reunido com os envolvidos, montando uma defesa 100% convincente. No dia seguinte, apresentamos ao Conar. E ganhamos em primeira instância, na segunda e até hoje ganhamos todas por ter levantado essa bandeira das nossas consumidoras.

Quando você tem a coragem e a confiança de fazer algo que foge do comum, está chamando situações inesperadas na sua direção. Justamente por isso se destaca dos demais. Ainda mais hoje, em que a intolerância com os que pensam diferente pode ser grande. Mas quem não possui telhado de vidro, não deve nada a ninguém, tem mais a ganhar do que a perder enxergando oportunidades e correndo riscos. O maior ganho é ser *O* cara.

Capítulo 6 — Motivação e valorização

Enfrentar a selva profissional exige que estejamos atentos para fortalecer nossa essência com dois alimentos poderosos: motivação e valorização. Eu agradeço muito, pois sempre tive pessoas olhando por mim que falavam "seus olhos brilham", "você não desiste", "é criativo", "tem carisma". Verdade que eu já tinha algo dentro de mim que me motivava para o resultado, uma alegria por realizar e me destacar. E encontrei, desde os tempos de escola, pessoas que perceberam essas características e as ressaltaram, mandando a mensagem de que eu poderia, sim, ser *O* cara, fazer a diferença por onde eu passasse.

Professores, gerentes, diretores e outros executivos me enxergaram de maneira diferente durante toda a minha trajetória até a presidência. Pelas passagens que conto ao longo deste livro, você pode constatar que eles nunca me deram nada de mão beijada. Fizeram melhor: eles me motivaram a conquistar mais e mais e valorizaram a minha determinação e os meus diferenciais.

E eu retribuo fazendo o mesmo com meus funcionários o tempo inteiro. Ter tido pessoas que me observavam e me achavam especial me inspira e me dá mais vontade de apostar nas pessoas. Principalmente naquelas mais simples, mas com garra e vontade de crescer, que me fazem ver nelas aquilo que viram em mim durante a construção de minha carreira. Eu carrego comigo profissionais assim e, no que depender de mim, eles irão longe também e rápido.

Hoje, busco pessoas com esse brilho nos olhos também. A minha maneira de lidar, intuitivamente, com quem não mede esforços para vencer faz com que nosso relacionamento profissional flua bem e traga ótimos resultados aos dois lados. Eu me vejo nesses profissionais e tento trazê-los para o meu lado. Tenho-os na minha equipe e cuido deles muito bem para que cresçam e se sintam felizes com tudo aquilo que fazemos juntos. Eu os observo, com enorme prazer, retribuindo as oportunidades que outros gestores me deram. Tenho um estilo de gestão que me faz olhar atentamente as pessoas. E elas sabem que têm chances de ser presidente amanhã, assim como eu.

Aprenda a enxergar seus colaboradores

A minha liderança é genuína, não é imposta. Ela vem da minha essência de querer que todos cheguem ao topo. Por isso, produz respeito e credibilidade. Tanto que transfiro muitos funcionários de uma posição para outra para que possam ressaltar suas melhores qualidades. Se alguém está no comercial e tem mais chances de se desenvolver no administrativo, penso "Vamos ver se ele se encaixa melhor lá". Se eu achar que um administrativo pode render mais em outro departamento, que evoluirá fazendo outra coisa, tranquilamente vou mudá-lo. Se há um vendedor que me faz deduzir: "Nossa, ele tem perfil de marketing", por exemplo, vou enviá-lo para lá. Sou um profissional que, por fazer parte da equipe, observa muito de perto as atitudes das pessoas em relação aos objetivos, aos riscos, à produtividade.

Uma das preocupações do verdadeiro líder deve ser essa, para que sua empresa seja sustentável. Tem gente que vai logo para a alternativa mais fácil, que é dispensar. No entanto, numa empresa sustentável, tem de existir esse respeito. Isso não significa que ele vá aliviar sua mão na cobrança da entrega. Muitas vezes, você trabalha com gente de muito talento nas áreas erradas. Quanto mais motiva e pede entrega, mais conhece, de fato, como seus funcionários trabalham os desafios. E isso o faz perceber quem são os mais competentes, os mais generalistas, os que lideram o grupo, os mais engajados no resultado.

Tenho essa vontade de identificar os pontos fortes de cada um para que todos possam desenvolvê-los ainda mais, assim como sempre fizeram comigo. Estou constantemente olhando o todo e também o desempenho individual, além de dar o meu exemplo, para que o time perceba que pode deslanchar, subir degraus mais rapidamente, progredir e presidir a empresa. A minha trajetória confirma que é possível, por si só serve de estímulo. Sou um cara novo, numa posição alta, e saí de uma cidade do interior com o dinheiro contado para sobreviver na capital. Além disso, tenho um sexto sentido para descobrir talentos, não pelo conhecimento técnico e currículo acadêmico, e sim pelas atitudes.

O gestor atento cria o máximo de situações de motivação para que possa reconhecer e lapidar os talentos. Sem isso, fica difícil ter gente que entrega mais de 100%. Conselho básico: antes de tirar qualquer conclusão precipitada, sempre analise se as pessoas estão nos lugares corretos, porque elas podem ser muito melhores na função ideal para o seu perfil. Isso precisa ser monitorado continuamente por todos os envolvidos, e não simplesmente delegar ao RH. Um líder inconformado também fica cutucando nesse sentido, até enxergar em seus colaboradores o necessário brilho nos olhos. Será que fulano está no lugar certo? Será que beltrano vem entregando o seu máximo? Será que, se ele estivesse exercitando outro talento, chegaria a um resultado melhor?

Estimule quem tem brilho nos olhos

Os grandes profissionais são voltados para o resultado. São comprometidos com a entrega. Nesses casos, quando você promove uma atividade de motivação (um concurso, um treinamento, um elogio em público etc.), mais os impulsiona a atingir o ápice do negócio. São os caras e as moças que carregam o grupo para a frente. O estímulo do líder não precisa necessariamente ser financeiro, embora dinheiro seja muito bem-vindo. O que mais motiva é algo que o faça se sentir reconhecido. Para acertar, um ponto-chave é conhecer cada perfil de seu time. De que adianta dar subsídio para estudar àquele que não tem essa possibilidade no momento? Não funciona criar uma ação de valorização que não desperte o real interesse.

Isso parece óbvio, mas o que mais se vê é empresa premiando da maneira como acha melhor, e não com o que o funcionário precisa realmente. É como dar bicicleta a quem nunca pedalou na vida e nem pensa nisso. Independentemente do que escolher, o gestor precisa antes conhecer seus potenciais e reais talentos e criar caminhos para saber incentivá-los a evoluir. Aí você tira o máximo de cada um e, no final das contas, vê quem está jogando para vencer.

Motivação também é traçar plano de carreira, desde que parta do coletivo para o individual. Trabalhe essa parte do estímulo e aplique em cada departamento, mas feche seu foco de visão e de ação aos poucos, pois o que motiva uma pessoa pode não motivar outra. Outro excelente motivo: o departamento X pode superar a meta, mas você tem de saber quem daquele grupo fez o algo mais para que todos trouxessem o resultado. O gestor precisa identificar os talentos para valorizá-los e fazê-los crescer "injetando na veia" motivação. Esses são seus elos para disseminar avanços: correm riscos, têm velocidade, vivem inconformados e querendo algo mais.

Tais pessoas se tornam pilares de sustentação dos objetivos da empresa. E são aquelas que você irá trabalhar para se tornarem os futuros diretores, os futuros especialistas-generalistas, com visão estratégica do negócio, com visão de dono. O verdadeiro líder tem de saber identificá-los. Não é só o resultado que conta. É uma conjuntura de atitudes que faz com que você veja essas pessoas de forma diferente e estabeleça elos de comprometimento. Isso é o que sempre procurei fazer até hoje, porque já fizeram comigo. Estou na posição certa para também ter esse papel. E sinto prazer nisso, nem considero uma obrigação. Depois de uma reunião, fico feliz quando posso dizer ao gerente daquele grupo: "Esse cara é bom, hein? Repare melhor nele".

É até engraçado como os profissionais diferentes, que têm brilho nos olhos, fazem com que você chegue neles com facilidade. Descobrindo quem são num departamento, quando você passa por lá, quer falar com eles. É como se tivessem um ímã. Não tenho dúvida, os talentos têm um ímã. Se o gestor precisa saber alguma informação, alguém com esse perfil saberá responder. Se não souber, dirá: "Um minutinho, que eu já vou responder".

Eles vão achar o caminho. E devem ser elogiados e premiados de alguma forma por isso. Ninguém trabalha sem querer ser reconhecido e recompensado. Esse desejo está acima de salário, inclusive. Então, desculpe-me, mas um líder que não motiva nem valoriza sua equipe está fadado a criar um futuro talento para ir embora, obter sucesso na concorrência. Ah, a empresa não tem vaga? Como assim, não há o que ser feito?

Certa vez, ouvi do RH que não poderia aumentar os custos naquele momento, e eu queria valorizar um funcionário. Respondi, então, que ia reduzir alguém, redistribuir o trabalho entre os outros e abrir uma vaga. Dispensei um para poder promover outro, com mais brilho nos olhos. Saída sempre tem. É querer. Perco braço, mas ganho cérebro, ganho em comprometimento.

Às vezes, você observa um que está na empresa há seis meses e outro que entrou faz um ano, e o trabalho do mais novato se destaca mais. A valorização não é pelo seu tempo de casa. É pelos seus resultados. A cada três meses, quando converso com o pessoal da fábrica, escuto que "Fulano acabou de entrar e já subiu para ser operador e eu estou na mesma posição". Em primeiro lugar, argumento que os colegas não sabem o que ele já aprendeu e entregou em outras empresas, antes de entrar na nossa. Em seguida desfaço esse mito de que o tempo numa função é determinante para sua escalada. É sua entrega que o torna diferenciado. Digo: "Se alguém passou na sua frente, alguma coisa possui de especial que o diferencia. E se o seu chefe não conseguiu explicar a você o que é, falhou. Mas pode ter certeza de que o outro está entregando mais resultado que você ou tem atitudes que o diferenciam".

É fato. O que não pode acontecer é o apadrinhamento, como se vê em vários lugares. Que haja respeito à experiência adquirida com o tempo, mas tem gente que nasceu para ser vendedor e assim será pelo resto da vida. Há casos em que aquele vendedor nem quer ser supervisor. E se você o promover, mata a essência dele. Sabendo disso, o bom líder encontra outras formas de motivar e valorizar, e deixa todo mundo satisfeito.

Dê chance a quem está dentro

Para fazer jus à minha essência de observar e ressaltar o que as pessoas possuem de potencial, como fizeram comigo, peço para trazer de fora somente candidatos a cargos mais baixos. Assim, eu tenho escada para fazê-los subir. Se precisamos contratar um vendedor, por exemplo, começamos com o de nível 1. Quando surgem vagas para cargos mais altos, promovemos internamente. E para quem se desenvolveu tanto a ponto de sentir a cabeça batendo no teto, temos de abrir uma exceção. Sim, porque todo mundo precisa ser avaliado com meritocracia, senão não irá se manter motivado.

Geralmente, dá para estimular com novos desafios de trabalho. Por exemplo, se ele atende o varejo, deve passar para o atacado, ou receber clientes maiores para atender. Mesmo assim, se temos uma situação em que o sujeito se supera a todo momento, e já chegamos com ele ao nível máximo, quer dizer que estamos com problema de estrutura. Por isso, é determinação interna: ocupar os cargos só com gente nossa, a não ser que não exista ninguém gabaritado naquele momento. E quem entra na empresa é no plano básico, como júnior. Para ter espaço para crescer. Ao batalhar para as vagas serem preenchidas por pessoas que já estão conosco, damos a elas mais um motivo para quererem avançar, sabendo que o ambiente é propício.

E tem mais: quero ver mais mulheres participando dos processos seletivos. Conseguimos elevar o número de funcionárias na Bombril desde 2010 porque bati bastante nessa tecla. De um lado, nosso grande canal de vendas, que responde por 70% do total, é o atacado. Trata-se de um setor comandado, geralmente, por homens com larga experiência e mais idade. Por outro lado, nosso consumidor final é majoritariamente feminino, então precisamos dessa representatividade dentro da empresa. Assim, aos poucos, venho mostrando quanto a mulher é habilidosa para lidar com as situações mais difíceis e detalhista. Sem contar que os homens se comportam de forma mais amistosa e respeitosa na frente delas do que na frente deles. Agora, não vamos nos prender a estereótipos nem discriminar para um lado ou para o outro.

O gestor moderno procura o melhor profissional ou a melhor profissional para cada função. Em qualquer processo de seleção deve haver na sala homens e mulheres. Independentemente de gênero, o líder deve procurar a pessoa que mais integre as competências necessárias e as atitudes desejáveis — além de ter muito, mas muito brilho nos olhos. Hoje, não existe mais quem não possa fazer isso ou aquilo. Isso não quer dizer que, estrategicamente, não aconteça de a gente procurar um perfil específico para determinada função. Um deve se adaptar ao estilo de liderança do outro e ambos somarem forças e expertises.

Crie oportunidades visíveis

Um bom líder sabe gerar oportunidades para a equipe e vai além, deixando-as visíveis. Ele está incessantemente buscando desafios a serem alcançados, aprendizados a serem compartilhados e atividades a serem trabalhadas pelo grupo em prol de melhores resultados, que mudem os patamares. Enfim, o desenvolvimento é constante, o tempo inteiro, não para. Para isso tudo, ajuda bastante quando as metas são claramente expostas, assim como a posição e o papel de cada um nessa corrida para atingi--las. Agindo desse jeito também não deixo que percam o ritmo.

Permitir aos funcionários se expressarem é outra prática que os motiva e os valoriza. Pensando nisso, lancei um programa chamado "Eu Faço Parte" para incentivar que falem tudo sobre:

1. O que pode ser feito na sua área para elevar a produtividade.
2. Como as outras áreas podem colaborar ainda mais com o resultado da sua.
3. O que a empresa pode fazer melhor em todos os aspectos.

Eles se reúnem com um responsável pela melhoria contínua, equipe do RH — sem a presença do gerente, para se sentirem mais à vontade. Não aconteceu, mas digamos que apareça a seguinte queixa: "Não dá vontade de usar os banheiros da empresa, são feios". Você pode me dizer: O que isso tem a ver com o resultado? Tudo. E muitos falaram. É grave. Meu colaborador tem de se sentir bem, acolhido, valorizado nesse nível de detalhe. Além do quê, é uma falha simples de resolver.

Vários chefes comentam comigo: "Ainda bem que a gente fez o 'Eu Faço Parte'. Pelo menos serviu para eu entender o que as pessoas estão pensando".

O programa permite saber como o outro raciocina. Uma questão é a sua intenção, outra bem diferente, e igualmente importante, é como o outro interpreta seu direcionamento. Para quem lidera e precisa achar caminhos para desenvolver a equipe e ajudá-la a trabalhar melhor, os comentários espontâneos dão várias "luzes". E não só para trabalhar melhor, como para fazê-la se sentir reconhecida em seus esforços constantes de superação. Só não pode haver medo de ouvir, de receber críticas. É o que chamo de risco de oportunidade.

Pensando na questão fiscal, digamos que a empresa nunca tenha analisado a saída de determinado depósito. Aí, um funcionário levanta a dúvida: "Será que é melhor vender para certo estado saindo só de um depósito? Será que a gente não pode mudar e, assim, rentabilizar melhor?". De repente, esse inconformado está abrindo os olhos de um superior para algo óbvio, mas que ele ainda não tinha percebido. Olha o mérito que a área vai receber! É por isso que a gente faz o "Eu Faço Parte": para achar novos indicadores, e cobrar por eles mais à frente.

Pratique a meritocracia

Outra mudança que implantei em todos os departamentos da Bombril: KPI (a sigla vem do inglês *Key Performance Indicator*) de produtividade e KPI de gestão, para fazermos o acompanhamento separado desses dois aspectos essenciais ao resultado. Existe uma lista de nada menos que 75 KPIs no universo do business, e cada presidente precisa identificar os indicadores corretos para as suas estratégias, caso contrário será como pilotar um avião sem instrumentos.

Ele é útil em qualquer empresa que se predispõe a crescer, pois mede o sucesso de cada setor e de cada funcionário. Sem indicadores, como saber quem está avançando ou não? Todos os departamentos precisam ter entregas e estar alinhados na mesma estratégia. Como valorizo a meritocracia, divido essa medição sempre em dois: gestão e produtividade. Qual a diferença? O KPI de produtividade analisa tudo aquilo que você vai fazer no seu departamento e que afetará diretamente o resultado da empresa financeiramente. Quanto maior a sua eficiência, mais dinheiro em caixa.

O KPI de gestão vai mensurar tudo o que você precisa fazer para preparar a empresa para ganhar mais lá na frente, não de imediato. Engloba sistemas e processos que teremos de implementar, sem colhermos resultado agora. No entanto, pode ter certeza de que vários departamentos vão usufruir disso e poderão bater metas mais adiante. O KPI de gestão também acompanha ações imensuráveis. Aumentar a agilidade de entrega é positivo, embora não seja possível mensurar o resultado financeiro, por exemplo. Não dá para saber quanto dinheiro isso vai trazer. Então, convém separar.

Na nossa reunião mensal com os diretores e os coordenadores de todos os departamentos, sem exceção, mostro como os KPI de produtividade e de gestão estão evoluindo. Todos se sentem exigidos, todos se expõem. E, para aqueles que conseguem trazer resultado, o reconhecimento é garantido. Fica visível. Todo mundo tem seu ego, quer estar bem. Partilhar em que ponto eles estão e para onde devem caminhar faz com que os envolvidos corram muito mais atrás. Aquele que é visto é lembrado. Está lá na tela, e todo mundo quer mostrar que fez acontecer. É uma forma de praticar a meritocracia.

Ter indicadores de produtividade e gestão ajuda a combater aquela queixa comum no mercado de que os funcionários não se sentem valorizados pela chefia. Uma empresa pode não ter um plano de meritocracia totalmente estabelecido, mas cada gerente ou diretor pelo menos uma vez por ano tem de avaliar as entregas de sua equipe. O gestor maior, que pode ser o superintendente ou o presidente, também deve observar aquelas pessoas que se destacam da maioria por seu brilho nos olhos. E tem mais é que cobrar do chefe direto se ele as está reconhecendo adequadamente, concorda?

Eu faço isso, pois vejo mês a mês o que acontece dentro da empresa. A minha preocupação é sempre identificar quais são os colaboradores que mais dão o sangue, entregam e fazem por merecer.

Tenha um sucessor disponível

Quem aposta sempre no alto potencial das pessoas se preocupa ainda em formar sucessores. E observa na base quem vai ocupar o lugar dos seus gerentes e diretores futuramente. Não aceito contratar alguém se não for com essa perspectiva a médio e longo prazo. E isso dá mais trabalho na hora do recrutamento, porque quero que o meu RH busque os melhores para preencher as vagas! O departamento tem de enxergar nos candidatos as características, as competências e principalmente as atitudes de um futuro gestor. E muito brilho nos olhos, perfil empreendedor, inconformismo, capacidade de superação. Enfim, devem apresentar condições de serem preparados para se tornarem especialistas-generalistas.

Por que será que muita gente não consegue formar seus sucessores? Eu respondo sem rodeios: porque morre de medo. Contudo, o cara que está seguro da sua entrega costuma ser bem-sucedido. Monta uma equipe sólida e abre caminho para que ele e o grupo cresçam naturalmente. Como presidente, fico mais tranquilo para promovê-lo ciente de que há alguém competente para substituí-lo no cargo atual. O melhor é que todos fiquem motivados a dar o máximo, porque sabem que poderão ascender. Forma-se uma corrente virtuosa de produtividade.

Na prática, formar sucessores só é difícil para quem não tem confiança em si próprio. Digamos que, numa reestruturação, a empresa queira substituí-lo por aquele funcionário que está tendo bom desempenho. Tudo bem. Ele terá outro lugar, outro desafio. O que digo a cada um dos meus coordenadores: vislumbre resultado, e não cargo, pois isso vai lhe dar segurança. Se você for muito bom e estiver totalmente alinhado com as estratégias, não será mandado embora. A autoconfiança é fundamental para não ter medo dos sucessores. Imagine se eu, que acelerei, não tivesse os meus!

O melhor é que seus liderados percebam essa autoconfiança e almejem ser iguais a você. Um verdadeiro líder prepara sucessores, porque tem certeza de que vai crescer muito. Quem, ao contrário, adora viver rodeado de braços, e não cérebros, acaba estacionando na carreira e pouco valoriza os que merecem. Para evitar isso, periodicamente levanto nomes em todas as áreas e pergunto objetivamente: "Quem você acha que é o seu sucessor?".

Já aconteceu de um gerente indicar um subordinado, e eu retrucar:

— Nossa, está tão distante do que eu imagino! Essa pessoa não tem isso, isso e aquilo.

— Mas, pensando bem, dá para desenvolver...

— Eu não perguntei quem pode vir a ser seu sucessor. Eu perguntei quem já é o seu sucessor.

Talvez você imagine que esse seja um treinamento constante. Eu digo: se você tiver um sucessor, já tem certeza. Se não tiver, aí tem um problema. Isso não quer dizer que o sucessor chegue pronto, sempre haverá algo para modelar, atualizar, torná-lo ainda melhor. No entanto, ele é ou nunca será. Ele pode não estar totalmente pronto para ocupar o seu lugar, mas é seu sucessor na essência. Se o avião em que está cair, ele pode ocupar o seu lugar amanhã porque conseguirá realizar. Que ele vai precisar amadurecer alguma coisa, provavelmente vai. Talvez tenha uma distância a percorrer no nível de entrega em relação ao seu. Tudo bem. Ao menos você já identificou quem é o seu eleito.

Líder na essência tem de se preocupar com isso o tempo todo: em ter na ponta da língua o seu sucessor.

Profissionais que apostaram em mim

Entre as pessoas que sempre me olharam de forma diferente, os professores e o empresário Afonso Macchione Neto, uma personalidade brilhante da minha cidade natal, Catanduva, marcaram demais o meu início de jornada. Eles me deram a motivação essencial para que eu fosse quem sou hoje, mas vou contar essa parte da minha vida no fechamento deste livro. E você entenderá perfeitamente por que retribuo apostando fortemente no potencial daqueles que querem vencer.

Outros profissionais que me valorizaram, conforme já contei em capítulos anteriores, foram o diretor da Nielsen, que me desafiou a fazer uma apresentação e me efetivou no meu primeiro emprego, o diretor-geral e a gerente de Marketing da Pillsbury (comprada depois pela General Mills), que me contrataram logo depois que eu me atrevi a dizer o que faria na pele deles, para estancar a queda de vendas da marca Frescarini. Nos dez anos em que estive nessa multinacional, fui bem avaliado por cinco presidentes. Todos me tratavam como braço direito porque viam que eu amava aquilo, vivia e sabia tudo, me arriscava sempre. E ainda diziam que era o cara mais carismático da empresa, liderando mudanças.

Até que o último CEO foi presidir a Bertin e quis me levar promovendo-me de gerente a diretor de marketing. Fiquei num dilema: "Estou indo para uma nacional. E aí? Como vou ser aceito pelo mercado, se depois eu quiser voltar para uma multinacional?". Fui inclusive conversar com um *headhunter*, que falou: "Realmente, existe dificuldade para retornar".

Pensei muito e concluí que quem faz a diferença é a pessoa. E fui, com gás total, ser diretor na Bertin por um ano. Encarei dois desafios: fazer a marca Vigor deslanchar e começar a construir uma marca de carne. A Bertin acabou sendo vendida para a JBS... e novamente alguém me olhou de forma diferente. Explico. É que, para a Vigor, lancei um monte de projetos, fiz teste com consumidores, estudei possibilidades de expansão "fora da caixa" (Por

que a Vigor não poderia ser massa alimentícia também?).
Isso me deu exposição na mídia como um profissional
inovador. Ninguém menos que o dono da Bombril leu
uma dessas reportagens comigo e mandou me chamar.
Detalharei esse processo no capítulo 9.

Aqui, não posso deixar de destacar um profissional
muito especial na minha carreira, o empresário João Doria
Júnior. Ele afirma que "brilho nos olhos" é fator essencial
para o sucesso e, desde a primeira vez que me viu, diz ter
enxergado essa qualidade em mim. Sem que eu pedisse, foi
me dando oportunidades de elevar a minha visibilidade e
credibilidade como profissional de marketing aos olhos de
outros executivos de primeira linha.

Um segredo: ele adora Häagen-Dazs, e quis oferecer a
grife de sorvetes aos convidados de seus eventos. Foi assim
que nos conhecemos. Eu era o gerente de marketing da marca, mas tratado por ele como se fosse o *head*, porque já me
olhava diferente. Por me imaginar lá na frente em cargos de
maior prestígio e responsabilidade, queria que eu fosse respei-
tado como tal. Não é padrinho, porque nunca precisou cavar
oportunidades para me colocar. O João Doria é o meu grande
incentivador porque, quando me encontra, diz: "Você é diferente. Tem brilho nos olhos".

Esse empresário visionário me abriu tanto a cabeça,
motivando-me e valorizando meus resultados, que o que
mais faço hoje é tentar enxergar o brilho nos olhos de outras
pessoas, cercando-me de companheiros com essa qualidade.

Ele tem grande participação na minha ascensão à presidência da Bombril. Em agosto de 2013, Doria me convi-
dou para apresentar o *case* de sucesso do projeto Mulheres
Evoluídas num evento de marketing do Grupo de Líderes
Empresariais (LIDE), fundado pelo Grupo Doria. Dias

antes, eu havia sido internado com pedra nos rins, mesmo assim fiz a palestra. O João Doria me apresentou ao público deste modo: "Não esperava atitude diferente de você, o seu comprometimento é um exemplo".

O público adorou tudo o que compartilhei e ele também. Eu só soube meses depois, mas logo após a palestra o Doria telefonou para o principal acionista da Bombril, Ronaldo Sampaio Ferreira, e comentou: "Olhe bem o que você vai fazer com esse rapaz! Porque, se não fizer nada, vai perdê-lo para o mercado. Ele é muito bom".

O principal acionista da Bombril já falava que me via como futuro presidente. Não é que me tornei *O* cara por causa disso, mas foi ótimo ter um endosso. Em setembro de 2013, fui promovido.

Pouco mais de um ano depois, estive em Catanduva, em outro evento do LIDE, porque os empresários queriam conhecer o conterrâneo que virou presidente de uma grande empresa. Se reencontrei o empresário Macchione? Até o final deste livro prometo contar.

PARTE 3 — GESTÃO DA EQUIPE

Capítulo 7 — O despertar da equipe

Quando você entra numa empresa deve encará-la como sua nova família. Não no sentido romântico. Sendo prático, dependendo de como é a sua família de sangue, sua segunda família, a empresa, pode ser até melhor, porque você a escolhe. Se não consegue estabelecer uma boa relação, deve trocar, investir em outra. Se ela, porém, o contrata com respeito e incentivos, faz com que se sinta bem e valorizado... Abrace-a com vontade, dedique-se ao máximo para crescer a ponto de se orgulhar. Cuide bem dela porque essa empresa também cuidará muito bem de você. A Lei da Reciprocidade existe nas organizações que buscam os melhores do mercado.

Eu sempre tive sucesso praticando esse pensamento que é quase um mantra: trate sua empresa como se fosse uma família; quando você entra, pertence a essa família. E numa relação assim, dessa importância, não dá para usar apenas a razão. Sem essa de que você, quando vai para o ambiente profissional, deixa o lado emocional em casa. Quem trabalha com energia e paixão aproveita as duas polaridades e fica ainda mais encorajado para vencer qualquer obstáculo. Pode estar sofrendo por um problema particular, mas sabe que ganhar aquele cliente ou bater a meta mensal vai dar força para resolver outras questões também.

Em que lugar passamos a maior parte do tempo, do dia, do mês? Com os colegas de trabalho. Então, podemos encarar a empresa como uma segunda família. E tudo que fizermos ali terá reflexo em nossa família fora da empresa também. Eu valorizo muito dedicar-se integralmente à empresa, sem deixar uma parte de mim do lado de fora. E procuro trabalhar muito o emocional da minha equipe também. Assim, não tenho apenas vários "braços" trabalhando lado a lado, e sim um time coeso de cérebros, braços e corações!

Neste capítulo vamos focar no despertar da equipe, que abrange disseminar valores (toda família tem os seus). E os valores que peço desde o primeiro dia em que me tornei presidente são estes: otimismo, lealdade, senso de urgência e visão de dono. Isso só é possível cuidando antes de um aspecto fundamental: escolher as pessoas certas que vão incorporar essas quatro diretrizes no melhor estilo *hands on* (prontas a colaborar em tudo, mostrando que o sangue da marca está correndo nas veias). Vamos aprofundar essas questões aqui, agora, já.

Escolha as pessoas certas

Como chefe do chefe das pessoas, falo aos meus assessores que nunca vou fazê-los dispensar ninguém. Minha mensagem para cada um é curta e clara: "Você tem resultados para serem alcançados. Precisa saber escolher a equipe. Eu vou cobrar a entrega de você, e não dos seus colaboradores".

Este é o primeiro ponto em gestão de equipe: saber escolher as pessoas certas para as batalhas. O ensinamento fundamental do Batalhão de Operações Policiais Especiais (Bope) é esse também. Você tem de identificar os melhores para cada função a fim de gerar um elo de confiança, com todos se movimentando no mesmo ritmo e se superando sempre. Sem isso, a dificuldade do gerente, coordenador, diretor, presidente acionista vai ser grande. Um líder jamais pode admitir alguém na equipe que não considere o melhor para aquela tarefa.

Talvez você pense: "Marcos, e se eu entrar numa empresa e assumir um departamento já formado?". Para saber se tem as pessoas certas no seu time, coloque-as em evidência. Dê a elas desafios, faça com que se sintam parte deles, e terá a resposta. Não adianta se anunciar como o novo chefe, dizer de que forma quer que trabalhem e voltar para sua sala. Tem de ser competente e convincente para fazer o time vir com você, colocando-o em evidência e fazendo-o sentir que o resultado alcançado veio dele, contribuindo com o todo. Seu trabalho inclui, portanto, estar junto e verificar quanto essas pessoas são leais e necessárias.

A aceleração e a competição são gigantes. É como se a gente trabalhasse com um revólver apontado para a cabeça. No entanto, é nessas situações de alto risco e pressão que *O* cara se revela. Como desviar a arma para outra direção? Superando os resultados. Uma equipe uníssona, caminhando totalmente na estratégia, se fortalece contra essa e outras ameaças que acompanham os insucessos. No entanto, se houver alguém ali com desempenho ruim, poderá arruinar o grupo. Como ocorre com os policiais do Bope. Se vão combater o tráfico num morro, mas um deles fica distraído, põe vários na linha de tiro. Voltando à empresa, o gatilho do revolver pode ser apertado, e a vítima ser o chefe — não a pessoa que deveria ter sido mandada embora por ele.

A equipe tem de nascer da melhor escolha. Como quando a gente casa. O verdadeiro líder sabe identificar quem rende melhor em qual função. Isso é bom para o desenvolvimento do próprio profissional e também do departamento, da empresa, dos produtos e serviços oferecidos ao cliente final. Existem ótimos profissionais querendo trabalhar. E, se for preciso substituir por gente que responderá melhor às demandas, dou o meu apoio.

Eu digo para aplacar qualquer ansiedade de decidir rápido e mal: "Não tenham medo! Se vocês acham que alguém é mais ou menos, não contratem. Busquem mais candidatos".

Sem meias palavras, funcionário mais ou menos faz parte de uma equipe mais ou menos e de um gerente mais ou menos. Fico tenso diante de chefe que descreve seu funcionário como "Ele é tão bonzinho...". Você não deveria casar com alguém só porque é bonzinho. Também não pode arriscar a carreira e a família corporativa mantendo no time alguém cuja principal contribuição é a bondade. Outro comentário preocupante: "Ele é humilde". Essa característica é fantástica, mas não pode ser a única a ressaltar, ou vai denegrir a imagem daquele profissional. Humildade é saber escutar e aprender. Não é aceitar passivamente as condições do outro nem ser um conformado com a realidade. O conformado não dá salto, não muda de patamar, mas ajuda a que todos fiquem humildemente acomodados. Tenha um subordinado assim e dará um tiro no próprio pé.

A equipe tem de ser muito bem escolhida. O líder precisa formar, realmente, uma corrente de parceria, uma família, pois todos vão avançar com o mesmo objetivo. Se ele erra na seleção, atravanca esse caminho. Não pode haver destoantes dentro do grupo. A gente trabalha com personalidades diferentes, mas não com entregas diferentes. Muitos acreditam que é aceitável ter alguém que entrega mais e outro menos, alegando diferença de ritmo. Isso é inadmissível.

Agora, a forma como cada um trabalha, conforme sua personalidade, deve ser respeitada. Um é mais expansivo, fica logo amigo dos clientes; outro é superorganizado, atraindo clientes que apreciam essa qualidade; há um terceiro que é piadista e levanta o astral do grupo, e tem ainda aquele que reza antes de uma tarefa complexa... Lógico que o gestor precisa usar sua habilidade de lidar com essas e outras nuances de personalidade. Contudo, os 100% mínimos de entrega têm de vir. Afinal, você vai comparar todo mundo pela produtividade.

Prefira o perfil *hands on*

A maioria das pessoas gosta de contratar espelhos: gente que pensa de forma parecida. Cilada. Dependendo da função, é mais vantajoso ter perfis diferentes e complementares. No entanto, todos devem formar uma equipe *hands on*, aquela que está preparada para tudo. Caminha ou corre para o mesmo lado, com um sempre ajudando o outro. Divide os problemas e põe a mão na massa para resolver o negócio do jeito mais rápido, criativo e eficiente.

Não é porque eu bati a minha meta, que estou bem e fico na minha. O que importa é o grupo. Quanto mais eu tiver consciência do todo, mais serei reconhecido. Quem tem esse perfil é muito inconformado para fazer gestão de mesa (tentar liquidar tudo sem sair do lugar, pendurado ao telefone ou teclando no computador). É preciso ir para as ruas e encarar o corpo a corpo com clientes para cativá-los e trazer melhores resultados. É o popular "pau pra toda obra": olha o problema da empresa para buscar soluções, não importa se tem a ver com a sua função.

Toda a equipe, como característica, deve estar disposta a pôr a mão na massa, independentemente do departamento em que atua, da sua condição. Os melhores funcionários possuem o hábito de, enquanto escutam, pensar no que irão fazer para colaborar e motivar os outros a irem com eles.

Quem já trabalhou em empresas pequenas e médias sabe bem do que estou falando. Porque foi acostumado a fazer de tudo — e sempre colocando a cabeça na guilhotina, uma vez que as menores precisam arriscar mais para aparecer, se não quiserem ser engolidas pelas maiores.

Eu estive por dez anos numa multinacional, e aprendi muito sobre processos, mas considero grandes guerreiros aqueles que alcançam sucesso nas nacionais e pequenas. Eles têm mais chances de serem contratados por mim, por terem o perfil *hands on*.

Falando em contratação, a primeira atitude de muitas empresas é avaliar o currículo. Elas avaliam se o candidato é formado nessa ou naquela universidade e valorizam quem passou por grandes corporações. Comigo não funciona assim. Meu filtro não é o nome da faculdade. É preciso ter cursado alguma e estar capacitado para a função pleiteada, claro. Contudo, decido por aquilo que cada um transmite na entrevista. Busco quem tem, antes de tudo, brilho nos olhos e perfil *hands on*. E dá para perceber isso na conversa.

Pergunte como o dono agiria

Se o perfil *hands on* veste a camisa da empresa? Implico um pouco com essa expressão porque é algo que você põe sobre a pele e pode tirar ou trocar a qualquer hora. Gosto mais da imagem do "sangue da marca correndo nas veias", porque representa que ela está dentro de você, circulando pelo seu organismo e não sai facilmente. Significa que você realmente faz parte da organização, já a incorporou na sua vida, e que ela está fazendo seu coração pulsar, seu corpo inteiro se mover.

Se o seu ambiente profissional não inspira essa imagem, você não está no lugar ideal. Pode ter certeza de que nem acorda com vontade de ir trabalhar. Torna-se uma necessidade, não um prazer. Ter o sangue da marca nas veias significa abarcar aquela estratégia e entender aquilo como possível. Se você é um médico, talvez sonhe em ingressar no hospital mais renomado da cidade e ser liderado por alguma sumidade em sua especialidade. No entanto, a clínica de médio porte onde trabalha atualmente está correndo em seu sangue. Assim como foi no emprego anterior e será no seguinte.

A Bombril corre no meu sangue, como correu a marca Forno de Minas e depois a *Häagen-Dazs*. Por quê? Porque eu assumi aquilo que precisava defender para honrar a estratégia agressiva de expansão e fui para cima do mercado. Quando você "compra" a ideia e se sente parte dela, parece que a marca entra em seu sangue. Em compensação, quando é obrigado pelo gestor a operar uma ação sem nem saber direito a estratégia e só recebe um "Faça", como vai entregar o sangue? O mais provável é vestir a camisa, mas em determinado momento ela rasga, suja e você resolve trocar.

O dono, com seu espírito empreendedor e vontade gigante de ver a empresa lá na frente entre as melhores, é quem mais tem o sangue da marca correndo nas veias. Quando o líder consegue que a equipe também tenha o sangue correndo nas veias, consegue aproximá-la de um valor muito importante, que é trabalhar como se tudo aquilo fosse dela. A visão de dono exige mais responsabilidade, peso de consequências e atenção para outras áreas do negócio. Além disso, é preciso preocupação em superar as expectativas do mercado em vez de continuar reproduzindo o presente. Com um olho no equilíbrio de custos e lucros e outro na ousadia, é essencial para o sucesso que todos da empresa se perguntem: "Estou agindo como o dono agiria?".

Quando o dono arrisca, pode dar certo ou não, mas pelo menos não deixou de fazer. E, o mais importante, é que ele toma decisões. Com essa visão, também conseguimos perceber, na hora H, o que é bom e o que não é. E assim avaliar se vamos em frente ou se mudamos de estratégia — em vez de ficarmos enrolando e perdermos o momento ou o cliente. O profissional que pretende ser O cara precisa ter essa agilidade, e disseminar esse valor vai fazer sua equipe realizar mais do que o esperado, assim como o dono sempre quer realizar o melhor para a empresa.

Exija senso de urgência e lealdade

São mais dois valores essenciais que devem ser disseminados na equipe, além da visão de dono. Sobre a lealdade, ela deve se dar não com o chefe, mas com a empresa, compreendendo que a responsabilidade de entrega não acaba quando você faz a sua parte, e sim quando a meta toda é alcançada. Não basta realizar bem a sua função: olhe o que acontece ao redor, entenda como tudo funciona, seja parte do plano estratégico maior.

Se há alguém com dificuldade, quem é leal à empresa irá ajudá-lo, porque ambos visam o resultado final. Em compensação, você é desleal se permite que alguém continue trabalhando num nível insuficiente em relação aos outros. Ou o líder vai ajudá-lo a recuperar o fôlego ou retirá-lo do campo. E os colegas? Colaboram, cobram, incentivam e o conscientizam de que precisa nivelar a entrega, ou vai prejudicar a todos.

Em qualquer empresa você está sempre pensando em entregar mais, e, se aquele colega de outro departamento não estiver no seu ritmo, ele está sendo desleal com a empresa. E você não pode fechar os olhos para esse problema, porque ele o atinge também. Todos devem estar no seu ritmo, para dizer o mínimo. Eu peço essa lealdade mil vezes se for preciso.

Assim como também peço senso de urgência, porque tudo é para ontem. Esse valor também o faz se sentir dono só daquela função. Fez a sua parte e agora é com outro? Não. É interesse comum que a engrenagem funcione 100% na empresa inteira. O colega pode agir de forma lenta e, daí, parar! Quem não realizou? Todo mundo. Esse senso de urgência, presente em cada um, coloca a organização inteira para a frente. Ele favorece que as pessoas que estão trabalhando ao seu redor tenham essa mesma adrenalina para que as coisas aconteçam.

Convém esquecer essa história de que "Eu tenho um projeto para apresentar daqui a três meses". Quando escuto isso, meu senso de urgência me faz dizer: "Deixe eu saber o que é isso agora, por favor. E depois você me mostra de novo".

Como já disse neste livro, não temos tempo para descobrir depois os problemas que podemos descobrir hoje. Se não formos ágeis, aproveitando os recursos disponíveis e fazendo uma hierarquia de prioridades, os concorrentes já estarão lá. É questão de sobrevivência sair na frente sempre. Ainda mais no caso da Bombril, que ficou adormecida, lenta em anos anteriores, por problemas do passado, e está voltando a ser tudo o que representa para o país. O senso de urgência vale para qualquer empresa que queira se manter competitiva.

Se eu faço a minha parte e o outro não está fazendo a dele, isso precisa me incomodar, porque o senso de urgência é da companhia, não é somente meu. Começo a cutucar quem fica para trás porque temos de caminhar juntos. Lembro-o de que "Eu fiz minha parte, mas você também tem de fazer a sua". Sem que todo mundo tenha velocidade e o entendimento da necessidade de agilidade, não adianta nada só um se mexer. Vendeu, vendeu, vendeu, mas não faturou.

Isso não deveria ser novidade. Nossa relação com o tempo mudou totalmente com a globalização e as novas tecnologias, só para citar alguns fatores. No entanto, ainda tem gente reclamando disso, enquanto os ágeis se adaptam. Sim, é para ontem *mesmo*! E nenhum profissional que se preze pode se dar ao luxo de ignorar essa realidade. É preciso olhar tudo o que acontece ao redor. Será que os colegas do lado estão entregando como eu entrego? E estão no caminho certo, atingindo os objetivos esperados? É dessa lealdade que precisamos, assim todos se sentem parte do plano estratégico maior.

Resgate o otimismo e o orgulho de fazer parte

O otimismo é o quarto valor que dissemino em minha equipe. Ele é tão importante quanto a visão de dono, a lealdade e o senso de urgência porque representa a alavanca para avançar. Quem é pessimista, nem se esforça. Já aquele que prefere enxergar a metade do copo cheio, entende o potencial máximo de cada cliente, acredita que pode ir sempre além e transforma qualquer realidade.

Colocando em prática esses quatro valores, os resultados vêm de forma impressionante. E aí bate aquele orgulho de fazer parte do projeto de crescimento de sua empresa! Resgatar esse sentimento na equipe é dever do líder de cada setor. Se o líder trouxer as pessoas para o seu lado disseminando esses valores e fizer com que se sintam orgulhosas pelos resultados alcançados, ele fará uma gestão diferente, de inclusão.

É condição para o sucesso trabalhar com essa equipe o algo mais. Mostrar que eles são diferenciados, que estão extrapolando, que têm espaço para brilhar. O chefe precisa tanto conseguir puxar esse orgulho quanto reconhecer o empenho individual e coletivo. Resultado é obrigação? Sim! Entretanto, não estamos buscando só a obrigação. Almejamos a superação do resultado. Vamos fazer muito mais. E o orgulho vai retroalimentar a engrenagem.

Ter orgulho de trabalhar numa organização conhecida e admirada pelo público, como o Google, a Rede Globo ou a própria Bombril, também conta. Contudo, não funciona assim para todo mundo. Há quem atue em empresas que quase ninguém conhece, exceto um nicho específico. Portanto, o sentimento de que trato aqui é pelo resultado, pela trajetória, pelo superável. E, se esse resultado não é tão bom quanto poderia, eu provoco que saiam da zona de conforto tocando no lado emocional.

Eu sou assim, e transmito isso em minha gestão de equipe. Ao longo da vida, sempre quis me superar e sentir orgulho de minhas realizações. Várias delas, inclusive, compartilho neste livro com enorme prazer e o intuito de inspirar. Quando eu não conseguia realizar algo, acabava o mundo para mim. Então, gosto que aqueles que trabalham comigo só tenham motivos para comemorar, evitando ao máximo sentimentos negativos de vergonha e frustração. Chego a mexer com o brio de alguns, para que acreditem mais em si mesmos, falando: "Você tem filhos? Como vai entrar na sua casa e dizer que é um pai que não bate meta? Eu não falo isso para o meu filho, jamais. Até porque ele espera muito mais de mim: que eu seja um grande exemplo".

114 | Marcos Scaldelai

Quando o resultado dos profissionais de uma equipe esbarra no "quase lá", insisto com eles que 99,9% não é 100%. E com isso quero que fiquem tão magoados, tão envergonhados de não me entregar a meta, que vão se superar depois. Aliás, em minhas convenções de vendas as pessoas chegam a chorar. Procuro resgatar bastante a autoconfiança e faço surpresas, como levar os filhos dos funcionários para abraçá-los. Eles se tornam um pavão de orgulho e se motivam a querer trazer 200%, 400%... E a família diz "Essa empresa é o máximo".

Quando as pessoas são tomadas pela emoção, têm muito mais força para lutar por algo. Veja o exemplo da ONG Make a Wish, que realiza sonhos de crianças com a vida ameaçada por doenças, oferecendo alegria e esperança para que continuem lutando e acreditando que nada é impossível. Numa palestra de um evento corporativo do João Doria, uma empresa do segmento de energia elétrica contou que dividiu a empresa em grupos, e cada um atendeu ao sonho de uma criança dessa ONG. Isso fez uma diferença enorme no clima organizacional.

Faz sentido. Quando você vê a dificuldade do outro, analisa quanto a sua dificuldade é pequena. Desenvolve a empatia. E quando percebe que a empresa quer que você seja um ser humano melhor e que se desenvolva junto com ela, desperta muito mais orgulho por aquilo que está fazendo. O poder da emoção é muito forte.

Provoque a sede de vencer

Como disse, na minha gestão não consigo usar apenas o racional. Procuro mostrar que as metas alcançadas podem levá-los a perspectivas de vida bem melhores. Não é só dentro da empresa, mas em seu desenvolvimento global. O líder precisa fazer seus colaboradores entender quão importantes são aqueles resultados para que eles sejam reconhecidos como um pai ou mãe melhor, um marido ou esposa melhor, um filho ou filha melhor, um cidadão para a sociedade. E também para sentirem satisfação que só quem supera limites experimenta. É como se ganhassem passe livre no seleto clube dos que têm sede de vencer.

O líder tem de provocar sempre isso. Uma competitividade saudável, não predatória. Não existe outro meio de administrar e mensurar crescimento a não ser alimentando a competição entre as pessoas que disputam a massa. Todo mundo tem um ego a ser colocado em evidência. É por isso que eu também exponho os resultados na tela e faço com que eles olhem e sintam seu ego massageado ou se preocupem em correr atrás. Quem não quer aparecer bem naquele cenário mensal?

Quando assumi a presidência, em 2013, passei a liderar cerca de 3 mil funcionários. E fui preparando as bases para que 2015 fosse o meu ano de gestão de pessoas dentro da Bombril. Queria que qualquer funcionário que fosse entrevistado elogiasse a empresa quanto ao plano de carreira e desenvolvimento humano. Uma boa gestão de pessoas é capaz de proporcionar aos colaboradores que se tornem seres humanos melhores. Não estou falando tecnicamente no trabalho, mas para a sociedade mesmo.

Em vez de dar chance, dê corda

E quando você já tentou de tudo e o profissional não responde satisfatoriamente? O gestor deve pontuar os problemas na hora que aparecem. Isso é também uma questão de respeito. Há chefes que, por dificuldade de demitir, isolam o funcionário, não falam o que realmente acham da performance dele. Comigo não tem isso. Com transparência, o colaborador sofre menos. Quando eu chamo para conversar, ambos sabemos todos os porquês. Não tem surpresa.

Não demito facilmente. Só não sou míope. Parto do princípio de que todo mundo é bom. Porque tem muita gente, principalmente presidente de empresa, que já cria *pré*-conceitos. Prefiro que você me engane a deduzir que é assim ou assado. O mais comum é que os funcionários peçam uma chance. Digo:

— Não dou chance, dou corda.

— Ah, eu posso fazer isso e aquilo e mais aquilo?

Ok, eu dou corda. Oportunidade todo mundo vai ter. Chance todo mundo vai ter. Contudo, na verdade, estou dando corda. Na hora que preciso apertar, fica mais fácil. E é mais desafiador. Quem vai ser louco de querer se ver enforcado? Agora, o executivo precisa ter muita segurança para dar corda. Eu tenho, porque sei escolher as pessoas que estão comigo. Se não soubesse, estaria entrando no campo em desvantagem. Aprendi isso com o Paulo Storani, ex-capitão do *Bope,* um mentor para mim nos últimos três anos. Sobre isso comento mais a seguir.

Minha equipe e eu vamos juntos para a guerra

Missão dada é missão cumprida. Não existe discussão de meta. É hora de acertar a equipe, trabalhar com ela, reforçar os valores de otimismo, lealdade, senso de urgência e visão de dono, realizar com sucesso a estratégia e curtir o orgulho pelos resultados alcançados. E tudo isso vai fazer a diferença para que você, entre outros líderes, se torne *O* cara.

Eu queria transmitir essa atitude quando, além do marketing, também assumi a direção comercial da Bombril e me orientaram a conversar com o Paulo Storani. Ele é antropólogo, pós-graduado em administração pública e em gestão de recursos humanos, e foi capitão do Batalhão de Operações Policiais Especiais do Rio de Janeiro de 1994 a 1999. Atualmente, ensina como construir equipes de alto desempenho relacionando com os métodos de treinamento desses policiais.

O Paulo foi muito importante naquele momento em que eu precisava despertar a equipe comercial da Bombril para o mercado atual, que mais parece com uma guerra. Na nossa conversa prévia à sua palestra, confesso que fiquei meio tenso. Ele faria referências ao filme *Tropa de Elite 1*, do qual foi consultor, que é bastante agressivo, violento. No entanto, depois reconheci que há semelhanças entre a atitude de uma equipe de vendas e a de quem trabalha no Bope, com as devidas proporções. E o que ele espelhava como resultado final de conquista, de realização, chega bem próximo do que as corporações de hoje esperam.

No final das contas, o policial coloca a vida dele em risco. Numa empresa, você arrisca o seu futuro. As armas todo mundo tem. Concorrentes, disputas de poder e forças contrárias todo mundo tem. O que mais pesa para chegar ao resultado? Assumir riscos, mas fazendo um ótimo planejamento e tendo as pessoas certas ao seu lado. A palestra foi tão boa que o chamei mais duas vezes. Na primeira, ele fez referências aos bastidores de *Tropa de Elite*; na segunda, à invasão do Morro do Alemão. A terceira foi mais prática, como se estivesse treinando policiais.

O primeiro lema no Bope: Você tem de saber escolher as pessoas. Numa invasão, se não puder confiar no outro, tem grandes chances de morrer. No meio corporativo, sua carreira, seu nome, seu patrimônio podem ser liquidados. Sempre haverá uma arma mirando para sua cabeça. E, às vezes, a certeza de punição pode educar os mais distraídos ou vacilantes. Acho interessante quando o Paulo fala do tanque tático, simbolizando que quem não executa a sua função tem de arcar com as consequências. E elas podem ser tão "agradáveis" quanto encarar um banho de água gelada.

Numa missão, você precisa confiar 100% em sua equipe. Escolha pessoas das quais possa depender. Paulo comenta que o capitão Nascimento escolheu seu desafio e queria fazer o melhor. Trabalhava no alto risco, acreditava naquilo que fazia, sabia o significado de atuar em equipe e da palavra *valor*, como questão moral. Não é preciso ser policial militar para ser um capitão Nascimento. Fazer o melhor é a única forma de não perder a guerra.

Entre as lições que podemos extrair, destaco mais três. O Bope tem:

1. Clientes difíceis (os mais resistentes de todos: bandidos!), mas o batalhão é especial em razão da complexidade do trabalho.

2. Planejamento para qualquer situação: não existe improviso nem surpresa e é preciso compartilhar com a equipe, pois um depende do outro.

3. Preparação para trabalhar em condições anormais e sob pressão. Na rotina, todo mundo pode ser bom, bastando que cumpra o que está escrito. É no momento de crise que mais somos desafiados, que a nossa resposta, nossa capacidade de superação e de atuar em time vão fazer a diferença. Por isso, quando a gente vai treinar, não pode estar tudo normal. É preciso ter alguma coisa incomodando. Se há na equipe alguém muito confortável, o líder deve criar logo um desconforto, como subir a meta. Treinamento é isso. É preparar para o difícil, e não para o fácil.

Capítulo 8 — Compreensão do DNA da empresa

Depois de passar pelo marketing e pelo comercial das várias empresas, aprendi que é possível atualizar marcas e negócios sem queimar a identidade. Conseguir esse equilíbrio num esforço conjunto com a equipe certamente traz sucesso na comunicação. É preciso que a marca — assim como os profissionais que estão por trás dela e a representam — seja considerada pelo mercado como contemporânea. Significa estar ligada às suas raízes e àquilo que a torna única, mas também *updated*, ou seja, atualizada para os dias de hoje.

Para isso, encontre e mantenha vivo o DNA de seu negócio desde o primeiro minuto em que assume a responsabilidade e o desafio de fazê-lo expandir. Isso abrange desde não sair mexendo na equipe a torto e a direito quando chega à empresa até perceber quais partes daquela essência se perderam ao longo dos anos e podem ser resgatadas.

Eu falo à minha equipe:

Não importa a idade que você tem. Se precisa defender determinada estratégia, vá viver aquilo. Vá entender como pensam e agem nossos consumidores. Vá pesquisar o valor agregado que nossos produtos podem oferecer, a experiência que eles proporcionam nas diferentes regiões do país, para realmente conseguir construir esse DNA.

Como exemplo, a Bombril, fundada em 1948, não é uma empresa envelhecida. Ela continua irreverente, alegre e confiável. Tem tudo a ver com o rejuvenescimento que iniciamos desde a campanha Mulheres Evoluídas, quando ingressei no marketing, em 2010. É verdade que passou por problemas de gestão no passado, mas tem um DNA tão forte que não quebrou. O sangue, o coração, a alma e a essência se mantêm.

Uma tradição não precisa remeter ao antigo, pode ser contemporânea. Um segredo é acompanhar muito de perto as mudanças geracionais, com suas demandas características, despertando a equipe para ter também sensibilidade, vivência e vigilância constante. O raciocínio inteligente é este: preservar o que há de bom e sólido do passado, mas trabalhando o melhor do presente para ter futuro. Vamos detalhar melhor essa matemática do DNA.

Busque todas as fortalezas

Quem tem o sangue da marca correndo nas veias, já incorporou também o DNA dela. No entanto, o que abrange esse DNA? Nós entendemos que os anos passam e a empresa precisa se atualizar — ou será engolida pela concorrência, esquecida pelos consumidores e candidata à falência. Para quem acaba de ser contratado, é essencial pesquisar: como essa empresa nasceu? O que ela quis entregar? Como sempre procurou ser vista e como, de fato, o é? E no que ela é única?

O curioso é que, por meio desse tipo de questionamento, por meio do qual você se aprofunda na história do negócio e na relação com o mundo externo, terá ótimas pistas de como manter a empresa atual. Ou seja, terá mais elementos concretos para dar uma imagem contemporânea a ela. Contudo, fazer isso sem descaracterizar a sua identidade tem de ser uma preocupação do gestor.

Que fique bem claro: não adianta querer vender um produto hoje como se entregava no passado, pois as pessoas não reconhecem. Sua equipe tem de vendê-lo com uma entrega adequada aos dias de hoje. Existem a base sólida, a tradição, o conhecido para o público, que devem ser valorizados. Contudo, como é que se comunica com o mercado atualmente? Como é que se entrega isso de forma atraente e confiável? Como esse DNA deve interagir com as novas gerações?

A preocupação geral de todo o mercado é: como atualizar o tempo inteiro a linguagem do negócio de modo que relacione história e tradição com a complexidade jamais vista do comportamento e do estilo de vida das pessoas? Tudo muda rapidamente, exigindo dos profissionais com olhar comercial esse acompanhamento frequente, a agilidade nas ações e a ousadia nas decisões para realmente impactar, chamar a atenção, em meio a tantos estímulos.

O profissional que conseguir ser *O* cara expressa uma visão atual da empresa contando com entusiasmo o melhor da história do passado — que você só sabe se viveu ou se pesquisou a fundo para compreender o DNA. Eu não vivi a história de seis décadas da Bombril, mas quis saber do começo ao fim, tintim por tintim, como foi construído esse vínculo impressionante com os brasileiros. Deveria dispensar essa fortaleza só porque sou jovem? Nunca.

Qual é o DNA da empresa onde trabalha ou que criou? Se ainda for um ponto de interrogação, vá descobrir. Se sabe qual é, mas ainda não incorporou, comece por aí. Talvez você, como líder, não esteja conseguindo que todos atinjam os resultados porque ainda não solidificou na base de sua empresa.

Muitos que me conhecem bem costumam comentar: "O Marcos, quando entra numa empresa, fala dela como se estivesse trabalhando lá há uns 30 anos". Graças a Deus! Ninguém é obrigado a saber de tudo, mas tenha certeza de que aquele que vem conversar comigo tem a impressão de que eu sei toda a história e uso estrategicamente os pontos fortes para torná-los ainda mais fortes.

Espalhe esse conceito à equipe

Digo aos meus funcionários que eles precisam corresponder à imagem que as pessoas têm de um profissional da Bombril. Quero que cada um consiga traduzir toda essa base de história, tradição, confiança, além de reforçar que a marca vem evoluindo junto com eles. Esse profissional conhece suas necessidades atuais e se atualiza constantemente para atendê-las cada vez melhor.

Quem não entendeu as raízes da empresa, e não conseguiu captar esse DNA, tende a pegar carona em modismos para dar uma roupagem atual. Um exemplo bem simples é um gerente de restaurante italiano, aflito porque a clientela reduziu, que tem a "brilhante" ideia de começar a servir sushi porque leu numa pesquisa que os jovens adoram comida japonesa. Pode até funcionar temporariamente, mas compromete a identidade do negócio. E se os consumidores não reconhecerem mais qual é a entrega? Não seria mais vantajoso bolar um festival de pratos, a preços especiais, da região da Itália onde nasceu o dono?

Quando o público sente que você, depois de dois ou três anos numa empresa, carrega em seu discurso, em sua conduta, um DNA forte da empresa, é muito mais fácil gerar credibilidade para a construção futura. Eu já vivi isso. Por ter me tornado presidente com 36 anos, percebia que as pessoas, enquanto conversavam comigo, pensavam "Como esse cara vai falar de Bombril?!?". No entanto, eu as desarmava explicando:

> No passado, a consumidora da Bombril valorizava principalmente o brilho. Era motivo de orgulho mostrar as panelas brilhando. Isso fazia com que a mulher fosse reconhecida como alguém que realmente se preocupava com a família. Hoje, o que mais importa é o cheiro. Se o aroma está bom, ela é uma ótima dona de casa.

A Bombril carrega muito fortemente o humor em sua trajetória. Quem representa a marca pode se apresentar como um ser mal-humorado? Os clientes imaginam alguém simpático e

Você pode mais — 99,9% não é 100% | 123

acessível. Eles jamais vão esperar um arrogante carrancudo. Eu, como presidente, também vou até o estabelecimento deles, quero conhecê-los para saber do que precisam. E decido como vamos trabalhar na hora, olho no olho. E o que nós combinarmos está selado.

Claro, faço isso sem tirar a autoridade de meus vendedores, que continuarão fazendo a ponte, atendendo-os com a mesma simplicidade, sem entraves burocráticos. Nós somos muito bons no que fazemos. Queremos ser os melhores. Lutar com multinacionais, ter planos estratégicos, apresentar para o cliente... Entretanto, somos simples, acessíveis, bem-humorados, honrando o DNA da empresa.

Seja um facilitador do crescimento

A melhor forma de explicar essa característica é contando uma história, que começa assim: fazia sucesso a receita caseira de pão de queijo da mineira Dona Dalva. Tanto que, em julho de 1990, ela e seus filhos deixaram o espírito empreendedor falar mais alto e iniciaram o que se tornaria uma das mais importantes marcas do ramo alimentício no Brasil, a Forno de Minas. Tudo isso a ponto de atrair o interesse da General Mills, que comprou a empresa em 1999. Aí, a minha trajetória profissional cruzou com a da Dona Dalva.

Trata-se de uma marca que carrega tradição, que tem o estado de Minas Gerais em seu DNA, que tem ingredientes e um modo de preparo peculiares para ser um legítimo pão de queijo. Nós, do marketing da General Mills, tínhamos de partir dessa essência, desse vínculo com o tradicional e desse espírito caseiro para traçar estratégias de expansão para o mundo todo, sem perder a identidade. Era isso que mantinha a Forno de Minas única, especial.

Naquela época em que a globalização ainda pegava fôlego, uma multinacional norte-americana comprar uma marca regional, familiar, despertava bastante desconfiança nos mineiros. E a minha chefe, precisando fazer essa ponte, disse: "Marcos, você é o eleito. Vá lá e nos represente".

E eu tive um papel fundamental nesse processo de compra: entender a história da Forno de Minas desde o início, o modo de trabalho e todos os outros detalhes para que pudéssemos colocar a marca num trilho de crescimento. Tive de entrar na essência do mineiro. Entender a forma como ele pensa e age para conseguir extrair daquela empresa tudo de melhor, e fazer a ampliação do modo certo. Comprei a ideia de como foi criada, de como produzia, de como se apresentava ao mercado, de como era vista pelo público... para não deixar que aquela simplicidade e regionalidade passassem despercebidas durante a expansão.

Tudo o que eu não podia transmitir ali era arrogância. Procurei manifestar meu respeito à tradição, à história e ao empenho da empresa. O mineiro é visto como um cara que desbrava, certo? Então, como um representante da marca Forno de Minas dali em diante, procurei incorporar o DNA desbravador do mineiro. Eu me mostrei como alguém interessado em levar aquele produto tão amado para o mundo inteiro provar e aprovar, sem descaracterizar o produto. Falava aos trabalhadores do orgulho que sentiriam quando o pão de queijo deles se tornasse um sucesso internacional. Com jeitinho e brilho nos olhos, eu conseguia ser aceito e interagir.

Outro desafio claro foi vivenciar aquele DNA para ser também um porta-voz de toda a companhia de como precisávamos proceder. A General Mills era também uma desbravadora, só não podia sair por aí explorando territórios sem que entendesse a essência. E essa essência eu captei *in loco*. Eu era um facilitador desse entendimento por ambos os lados, da empresa compradora e da comprada, fazendo um elo em prol do crescimento do todo.

Até que eu recebi a Häagen-Dazs para fazer o movimento contrário: tornar essa marca luxuosa lá fora mais conhecida e admirada no Brasil. Foi minha grande virada, porque a grife de sorvetes só era vendida numa rede de locadoras. Existia a possibilidade de se tornar um negócio ainda maior, trazendo uma fábrica para o Brasil e fabricando sorvete para a América Latina. E me deram uma meta de vendas bastante alta para atingir.

Montei um projeto de estrondoso sucesso, do qual já falei no capítulo 1 deste livro, e que me deu grande visibilidade como profissional de marketing. Precisei reduzir o preço sem popularizar a marca. Como fazer o mercado entender que custava menos, mas não tanto que todo mundo pudesse comprar e deixasse de ser objeto de desejo, símbolo de status? Só conhecendo bem o público que me interessava, só entendendo como o consumidor de luxo pensa e age para captar, de fato, o DNA da marca — que era mexer com o caráter aspiracional que o luxo pode ter.

Trabalhe com o valor percebido

Captar o DNA da marca ou da empresa inteira permite trabalhar com o valor percebido dela. Isso é diferente de preço, tem ligação com aquilo que se fala hoje: o consumidor não quer só comprar um produto ou um serviço, quer ter uma experiência. Sem saber o DNA, como identificar que experiência vai oferecer? Você pode, por exemplo, cair na armadilha de colocar glamour onde não tem, assim como banalizar o que é glamoroso (no valor percebido, não no preço).

Com a Häagen-Dazs, capitalizamos esse apelo aspiracional de seu DNA e deu certo. Qualquer festa classe A tinha o nosso sorvete. Os convidados diziam: "Foi uma festa incrível. Teve até Häagen-Dazs". Criamos um serviço para oferecê-lo em casamentos chiques, que as noivas amaram. O João Doria servia o sorvete em seus eventos para altos executivos e personalidades. Enquanto estive na empresa, ganhamos como a melhor sorveteria de São Paulo todos os anos.

Houve até um fato que me preocupou a princípio. Um público que representava o chamado novo-rico aparecia na mídia com o pote de nosso sorvete bem visível. Fui assistir a uma palestra do presidente da Louis Vuitton Brasil na época, Carlos Ferreirinha, e tivemos uma conversa depois pela qual sou grato até hoje.

— Eu tenho um problema. Temo que essa exposição na mídia vire um incômodo para quem sempre viveu o luxo e busca produtos mais exclusivos — disse, esperando um conselho.

— Marcos, a maior compradora de Louis Vuitton no Brasil é uma cantora popular que é praticamente um símbolo de tudo que é cafona. Sabe qual é a minha resposta para todos os que se incomodam? "Ela quer ser você" — respondeu Ferreirinha, um fera em mercado de luxo.

Permitir o acesso de todos só faz bem, principalmente quando sua marca tem no DNA o apelo aspiracional. Tentar segregar é mau negócio. Prova disso é que o consumo de nosso sorvete foi às alturas. A partir daquele momento, sem medo nenhum, procurava sempre gerar notícia. Eu mesmo fui a vários programas de TV para divulgar as marcas que já representei.

Para sentir na pele esse valor percebido e poder traduzir em estratégias de marketing para a grife de sorvetes, a General Mills até me mandou para o Japão, que liderava o ranking dos países que mais consumiam artigos de luxo no mundo. Lá, procurei entender por que as pessoas têm esse envolvimento com produtos de preço tão elevado e vivenciar o que os faz se sentirem motivadas em consumir mais e mais. Depois de uma imersão como essa, você volta quebrando a cabeça para descobrir como é que faz esse envolvimento.

Essa foi uma grande experiência que tive na General Mills, multinacional com vocação para construir marca. De lá para cá só venho apurando mais e mais essa compreensão. Quando pego uma marca para trabalhar, busco estudar a essência, o valor percebido, a identidade porque sei a diferença que isso faz para desenvolver estratégias com melhores resultados. Uma lição a levar para todos os empregos.

Aprenda com os experientes

Muitas vezes você ingressa numa empresa e encontra vários funcionários que estão lá há bastante tempo. Resista a agir como aqueles executivos que tentam levar a equipe dele inteira do emprego anterior, e já chegam querendo mexer nos cargos e funções. Existe um erro grave nisso. A pessoa que tem de ser mudada não é aquela com muitos anos de casa, que tem dentro dela o DNA da marca e está olhando para a frente. Tem de ser mudada aquela que se conformou com a realidade em vez de transformá-la.

A empresa tem de ser um misto de gente aprendendo o DNA com pessoas que já têm o DNA, e todos descobrindo juntos formas de atualizar a marca, de acompanhar as novas gerações e as demandas do mercado. O que não pode é esse veterano atravancar a visão futura. Contudo, se ele olhar junto, já sai na frente de vários, porque oferece à equipe um tesouro que muitos não têm: vivenciou o que eles não vivenciaram.

Posso dar um exemplo claro. Na minha equipe comercial, valorizei pessoas de 50, 60 anos e com muito tempo de Bombril. Funcionários de 37 anos de casa. Não cheguei achando que era demérito ter no currículo tamanha experiência. É preciso respeitar o conhecimento. A única coisa que não tem como respeitar é uma atitude de atravancar os negócios, atrapalhar o crescimento. Sabe aquelas pessoas que usam o histórico para criar barreira? Queremos quem use o histórico para ser um facilitador da compreensão do DNA da empresa e conduz os mais novatos para a frente.

Desenvolva a competência essencial

Fala-se muito que, para um profissional ou uma empresa ter sucesso, é preciso desenvolver novas competências. Penso muito nisso. E pondero o seguinte: digamos que você tenha um terreno onde vai construir sua casa. Poderá fazer a parede do jeito que quiser, erguer o teto do jeito que quiser, mas a base do terreno será a mesma. Se tenta variar, a casa cai. Trazendo para as competências, você tem algumas que formam a sua base e serão sempre assim, porque estão em seu DNA profissional e no da sua organização. Há outras que podem ser alteradas ou incorporadas conforme caminhar a sua carreira e a empresa que representa.

Falando como presidente, se estou avançando numa estratégia maior de quebrar paradigmas de mercado, para crescer muito mais em pouco tempo, minha equipe e eu temos de usar competências fortemente ligadas a isso. Agora, se vivemos um período em que o objetivo é manter um patamar de resultado, não posso exigir da equipe a agressividade antes de tudo. Cada profissional deve estar alinhado com o momento da organização, com a estratégia maior, a fim de perceber qual é a competência essencial e, se ele estiver fraco nela, correr atrás. Ou seja, há um dinamismo aí para ficar atento.

Pela minha experiência, cai bem ter pelo menos duas competências fortes que são a sua base, estão em seu DNA, e outras que você pode mudar, melhorar, alterar ou acrescentar, conforme sua necessidade anual e a estratégia daquele contexto em que estiver inserido. Essa sinergia de seu DNA profissional com o da empresa que representa é importante. Aquele profissional que tem as mesmas competências, desde que começou a carreira, é como se vestisse o mesmo terno todo dia.

Seja a cara da empresa

Quando digo que o líder precisa conhecer ao máximo a empresa e incorporar o DNA dela à postura, à estratégia, à imagem que vai passar no mercado, poderia resumir nestas poucas palavras: seja a cara da empresa. Só assim conseguirá evitar colocar glamour onde não tem, assim como não baratear o que é luxuoso (no valor percebido, não no preço! — a exemplo do trabalho que realizamos com a grife de sorvetes Häagen-Dazs). A sua vivência com a marca e com o público-alvo dará essa medida ideal.

Como já contei, frequentei muitos eventos de luxo para me aproximar do público de Häagen-Dazs, embora tivesse um estilo de vida mais caseiro. Lembra do conselho que recebi no início da carreira, de um diretor, para ter duas caras? No início, fiquei indignado. Depois entendi que não era pelo lado negativo. Uma delas é a da empresa que você defende. Nada como fazer parte do mundo de seu consumidor para perceber porque ele gosta das coisas daquele jeito particular. Daí, diante de algum projeto ou ideia apresentado no escritório, vai poder materializar e responder "realmente serve para o meu público".

Quando ingressei na Bombril, passei a me aproximar ao máximo das mulheres da classe média brasileira. Quando vou falar com as domésticas, quero escutá-las sem intermediários e me ponho no lugar delas. Elas se sentem valorizadas por se comunicarem com um presidente que tem a cara da empresa e me dão uma aula — não só de limpeza, mas de vida.

Fazemos várias ações em nosso site e nas redes sociais, e já aconteceu de alguém do marketing me alertar:

— Não, Marcos, isso é agressivo. A mulher não vai gostar.

— Pode pôr. Vai por mim. Ela vai adorar.

Como cultivo esse contato próximo com as consumidoras, sinto segurança para decidir. Agora, pergunto: deveria existir algum presidente de empresa que não tenha relacionamento com seu público consumidor? Aquele que gere uma empresa só com base em números não tem a compreensão real do DNA dela, daí não incorpora e não e transmite para o mercado. Parece aquele executivo que está ali só de passagem.

Paulo Storani, de quem falei bastante no capítulo anterior, toca num ponto importante em suas palestras: a relevância.

Precisamos descobrir aquilo que nos une, aquilo que está no nosso entorno, aquilo de onde a gente parte para fazer (a nossa origem), aquilo que nos é comum, aquilo pelo qual nós lutamos, aquilo pelo qual nós trabalhamos...

É o DNA. Eu não posso trabalhar na Bombril e ser um executivo arrogante, por exemplo. Trata-se de uma empresa que tem em sua essência a simplicidade e que se expressa numa linguagem bem-humorada. Sempre esteve no coração da consumidora como se fosse um irmão. O Garoto Bombril é como se fosse um parente dela. O presidente tem de estar alinhado com tudo isso. Fazer reverência à natureza da sua marca. Ser o representante máximo e poder traduzir esse DNA, que não muda. Ele se mantém vivo sendo realimentado de forma contemporânea.

Tenha ouvidos excelentes

Fazer esse exercício o tempo inteiro só traz alegrias. Como esta: em outubro de 2014, uma pesquisa do Datafolha, divulgada no jornal *Meio e Mensagem* sob o título "Mil e Uma Lembranças", destacou a Bombril como uma das marcas preferidas e mais lembradas pelos paulistas. No quesito recall de propaganda, ficou tecnicamente na segunda posição, abaixo apenas de Casas Bahia e Coca-Cola, graças ao filme "Ivete é Bombril – leva brilho por onde passa", com a cantora Ivete Sangalo. Durante a Copa do Mundo no Brasil também figuramos entre as mais lembradas. E com muito menos verba, comparada à dos patrocinadores desse evento.

Por quê? Quando você desenha uma estratégia conhecendo de perto o público que pretende atingir e vivenciando o que ele quer e com o que sonha, o resultado aparece. A Bombril tem uma identidade muito forte, mas também o dinheiro precisa ser bem gasto. Ter menos recurso faz um líder pensar melhor. E conhecer melhor seu público, para atirar no alvo. Ele quer levar a equipe ao pódio ou ao buraco? Eu faço questão de estar próximo. Acompanho a mídia de perto para que a essência da empresa esteja muito bem colocada e mostrada.

Vou dar outro exemplo de como escutar é estratégico: todas as outras empresas do setor buscam ter os maiores limpadores, do tipo 10 em 1. Querem vender um item capaz de limpar tudo. Decidimos fazer completamente diferente de todo o mercado, trabalhando nichos e produtos para usos específicos. Por exemplo, inovamos com um limpador para aparelhos com tela de plasma, LCD e LED depois que as domésticas nos contaram que não sabiam o que usar para limpar. Escutar quem manuseia os seus produtos é fundamental.

Estrategicamente, eu me defendo com essa base. Vou saber os porquês conversando com o consumidor. E achar os caminhos. Enquanto meu concorrente tenta descobrir a melhor enzima para fazer isso e aquilo, no laboratório mais sofisticado que ele tem no mundo, montamos uma universidade doméstica (falarei dela no final deste capítulo) para saber de que essa profissional de limpeza está precisando. "Ah, é um limpador específico para LCD, porque ela não sabe se usa água ou um multiuso...". Acho o meu jeito de inovar, que seja simples, mas dê resultado e valorize quem prestigia o meu produto.

É verdade que você coloca a cabeça na guilhotina quando tem a consciência de escutar quem é seu verdadeiro *target*. Digo isso porque vejo empresas que não colocam como protagonista seu verdadeiro *target*. Multinacionais sofrem com isso. Nos comerciais, por exemplo, não conseguem sair do comum de colocar família

132 | Marcos Scaldelai

sentada à mesa, comendo e rindo. Eu acredito que: ou você mexe com a atitude ou não muda de patamar. Vai fazer bem feito, mas o esperado. Empresas nacionais costumam ter mais liberdade para criar ações diferenciadas. E ganham segurança para isso ouvindo os desejos e as necessidades do público que quer atingir.

Transmita o espírito internamente

O espírito transmitido na comunicação interna também importa para marcar esse DNA na equipe. Assim, todos vão lutar para manter vivas essas características únicas da marca. Não adianta defender e levantar a bandeira da valorização da mulher se, dentro da Bombril, não existem práticas coerentes. Temos mulheres em cargos relevantes. Se hoje já existe autorização para licença-maternidade de seis meses, como uma empresa que valoriza a mulher não vai aderir? Implantamos esse prazo opcional de seis meses para as funcionárias.

A cada ano vamos aprimorando nesse aspecto. Iniciamos a reforma da creche pensando também em colaborar com os funcionários que são pais. Ao proporcionarmos um bom lugar para levar o filho, colaboramos também para que a esposa deles possa continuar trabalhando mais tranquilamente. Fui questionado sobre isso e pensei "Está certo ele". Sou homem e liderei uma campanha em prol da valorização da mulher chamando o parceiro para o processo da limpeza porque vejo claramente que isso tem de ocorrer. Minha mulher precisa dessa divisão de tarefas. Troco fralda, aqueço o leite, dou papinha, eu me envolvo. Se estamos vendendo uma ideia, como podemos não acreditar nela? Acreditamos 100%.

Por ser jovem, sou da mesma época em que nasceu essa mulher mais independente. Então, não acho nada difícil aplicar uma estratégia maior de rejuvenescimento da marca, em que o mote principal é a sua valorização. Convivo com essa faixa de 25 a 40 anos muito de perto. Tenho propriedade. E admiração.

E assim fomos criando várias ações visando o desenvolvimento e o engajamento dessa nova mulher na sociedade. Tanto em âmbito interno, como em plano de carreira e políticas de RH; como externo, via ações de marketing, patrocínio e apoios em que a Bombril está sempre focada no protagonismo feminino.

Minha reverência às mulheres

Entre os vários projetos que criamos, um que conquistou o seu espaço na mídia foi o concurso musical "Mulheres que Brilham". Ele tem tudo a ver com o DNA da Bombril, que tem uma relação histórica com a música (sabia que a marca apoiou o lançamento da famosa cantora Maysa?). Iniciamos o concurso em 2010 com outro formato. Graças ao apoio de um dos maiores descobridores de talentos da televisão, Raul Gil, e da produtora Sony Music, em 2012 lançamos o quadro na TV. E hoje recebe mais de 9 mil inscrições por ano e alavanca a audiência do *Programa Raul Gil*.

Agora, limpeza doméstica está no DNA da Bombril. E quem mais entende disso no país inteiro? As domésticas. Como posso desenvolver produtos e programar projetos sem envolve-las? Como posso falar em valorização da mulher enquanto estratégia se o público principal, que sabe avaliar se o produto é bom ou não, não participar desse processo de melhoria? Lançamos a Casa Bombril, 100% direcionada a elas. E que se tornou um grande laboratório para fortalecer o vínculo com a marca, desenvolver inovações e praticar nossa responsabilidade social profissionalizando essas batalhadoras, tornando-as empreendedoras.

É uma universidade de serviços domésticos. Digo que é uma casa que é a nossa cara, a cara da Bombril, a cara do

Brasil. Levamos para lá e graduamos gratuitamente as empregadas domésticas, as profissionais de limpeza; e há uma troca. Elas nos escutam e nós as escutamos sobre como elas lidam com todos os ambientes de limpeza. Tenho orgulho de dizer que é uma das maiores iniciativas de inclusão e desenvolvimento social do país, no setor da iniciativa privada. Já formou mais de 1.500 domésticas com cursos gratuitos. E temos o Senac, como avaliador do primeiro certificado de doméstica do país.

Das formadas, 44% conseguiram salário mais alto. E 91% das alunas consideram que a comunicação com a patroa melhorou. O incremento na autoestima e no desenvolvimento pessoal — que também são foco do programa — foram imensos, embora não tenhamos como mensurar. Para nós, que sempre trabalhamos em prol da mulher, o valor é ainda mais especial. Por mais que o país diga que a profissão de doméstica está acabando, nós a enxergamos como profissional de limpeza.

Essa mulher é nossa fiel escudeira para disseminar o que é bom. O grande sucesso da Bombril de manter seu DNA e sua tradição e ao mesmo tempo ser contemporânea é porque conseguiu enxergar isso. Como temos certeza absoluta da qualidade de nosso produto — ou somos melhores ou iguais às multinacionais —, vamos em defesa dessa profissional de limpeza, que é a minoria e ainda discriminada pela sociedade.

Trata-se de uma casa na capital paulista de três andares, bem montada. Não é um lugar simplório, não. Cada aluna que entra lá é surpreendida e se sente orgulhosa. Faz um sucesso! Qual é o diferencial? A atitude. Você pagaria mais para uma funcionária que vá à sua casa, limpe direito e a surpreenda com a organização das roupas por cores, por exemplo? Se ela é contratada para um serviço, tem de fazer 100% bem. E se entrega algo além, deve ganhar mais. Os patrões não vão querer perdê-la.

Nosso principal objetivo, desde o começo, foi dar empoderamento a essa mulher. Esse projeto também nos abriu os olhos para criar um novo projeto no Raul Gil: a Melhor Doméstica do Brasil, uma competição entre domésticas, valorizando e capacitando a categoria. Há a preocupação com a técnica, para ela se tornar cada vez mais capacitada e reconhecida, elevando a sua remuneração. Há a preocupação também em fazê-la se sentir parte do nosso negócio. Porque compreendemos que o nosso DNA são *elas* (e, daqui para a frente, com os homens se envolvendo mais no processo de limpeza, poderá ser *eles* também).

Capítulo 9 – Líderes que agregam

Ter o futuro nas mãos não tem nada de abstrato. É o mesmo que dizer que cada um é o responsável absoluto pelo próprio crescimento profissional. Por isso, digo a você: encontre o sucesso por meio de sua visão do todo, de sua atitude e suas escolhas. Alcance resultados, onde quer que esteja trabalhando, para fazer a empresa crescer também e ser considerado O cara, aquele que os outros da companhia querem seguir, porque "chama" vitórias com competência e positivismo.

Além disso, olhe para a própria carreira como um meio de deslanchar a vida pessoal, e não apenas a financeira. Fazendo um trabalho consistente, o retorno financeiro virá naturalmente. E há outros benefícios que favorecem muito mais do que o dinheiro, como a satisfação da família e a admiração de um filho. Quando você é um funcionário admirado, que agrega à equipe e ao negócio, pode ter certeza de que se sente mais feliz e desafiado. Provou o gostinho? Vai querer continuar.

Ao atingir uma linha em que realmente vê que venceu uma batalha, a tendência é de que fique com sede de vitória o tempo todo. Quer vencer mais e mais, porque já viu que é possível. Por isso gosto tanto da frase "Brilhar é superar o impossível". Nunca enxergar limites permite pensar que a gente pode brilhar sempre, porque sempre terá desafios impossíveis para correr atrás. Eu gosto de pensar que jogo no time do Walt Disney, que sempre dizia "Adoro o impossível porque lá a concorrência é menor".

Há conflitos no caminho, mas isso não importa. Como resolvê-los? Incentivando, acima de tudo com o próprio exemplo, que todos lutem pela empresa em primeiro lugar (acredite, isso acaba com melindres).

Hoje, existe necessidade de que o profissional esteja muito mais preparado para o dia a dia, e não só pela técnica que as faculdades ensinam. Aqueles que entram numa empresa com a visão de estarem mais próximos da realidade da ponta, do mercado, são as pessoas mais suscetíveis a ter sucesso na carreira. Muito mais do que aqueles que querem evidenciar sua técnica por meio de interpretação de processos.

Por isso, dividi este livro em quatro partes:

- Primeiro, passamos por uma porção de atitudes e comportamentos que traduzem o perfil profissional 100%, aquele que vive buscando as oportunidades, tem iniciativa, quer ser protagonista.
- Depois, vimos a importância de valorizar a própria essência: na comunicação, na autenticidade, na valorização dos outros e na coragem de assumir riscos, sendo o primeiro a colocar a cabeça na guilhotina, a pensar "fora da caixa".
- No entanto, não adianta nada ter um perfil 100% e valorizar a própria essência se não escolher as pessoas certas e não souber como gerir uma equipe (foco da terceira parte). Isso inclui garantir que todos compreendam e preservem o DNA da empresa.
- Para completar esse círculo virtuoso e surpreender sempre, a quarta e última parte deste livro abrange ter visão de negócio. Afinal, é sempre importante frisar, sucesso é atingir resultado, trazendo o mercado para dentro da estratégia e com o sangue da marca correndo nas veias.

Viu como está nas suas mãos garantir um futuro muito melhor para você e a empresa que representa, tornando-se um líder diferente? É difícil quando, na hierarquia da companhia, precisamos responder a alguém que não agrega, não é? Um executivo pode não acrescentar tanto tecnicamente, mas tem de agregar em gestão. E precisa despertar algum tipo de admiração profissional. No casamento é assim também. Você precisa ter admiração para querer se comprometer, cuidar, dedicar a sua energia e a sua vida àquele projeto. Portanto, concluímos que...

Vivencie a ponta e tire as barreiras

Prefiro adotar uma abordagem positiva sempre, então é importante reforçar que existe solução para tudo. Não devo vencer as dificuldades uma vez, mas várias.

Eu fui um dos líderes homenageados na campanha "Quem faz o Brasil Melhor", promovida pelo Grupo de Líderes Empresariais (LIDE), presidido pelo João Doria, em parceria com a Radio Jovem Pan. Estavam comigo empresários, parlamentares e personalidades que se destacaram no ano de 2014 pela forma positiva como encaram as dificuldades brasileiras e lutam por um país do qual a gente se orgulhe. Foi um reconhecimento de liderança. Assim como a revista *Forbes* me homenageou como um dos doze CEOs jovens exemplares.

Reconhecimentos como esses nos motivam, mas não podemos nos colocar num pedestal. No dia a dia, posso ouvir qualquer vendedor falar sobre um cliente que eu vou saber lhe responder. Eu conheço a necessidade de estar em contato com a ponta do negócio. Tenha certeza de que nada do que disser será uma dificuldade para mim. O líder tem de participar, vivenciar o que os funcionários vivenciam, para saber o que pode cobrar, e tirar as barreiras da frente deles.

Dispense vícios do passado e seja humilde

Precisamos transformar conformados em inconformados. Ou seja: esquecer que temos problemas. Vamos buscar, em cima deles, a grande solução. Há de existir um jeito! Muitas vezes, é mais uma questão de se adaptar. É normal potencializarmos os problemas, mas, quando você explora, explora, explora alternativas, algum resultado bom é atingido.

Nada é sacramentado. Até porque detesto isso. Parta do princípio de que tudo pode ser mudado, melhorado, alcançado de uma forma diferente. Isso vale para competências, atitudes, técnicas de vendas, produtos. É preferível quebrar a cara a não fazer.

"Mas nós já fizemos isso, testamos e não deu certo...", pode me dizer um desavisado, repetindo a frase típica dos acomodados ou temerosos. Não deu certo na época daquele diretor X, daquele presidente X. Na minha gestão, vamos fazer e vai dar certo. Eu retruco e peço para cada um viver o presente, para mudar o futuro, em vez de "sentar" sobre o passado.

Por isso faz a diferença ser um presidente que vive o seu setor de atuação, que conhece o mundo daquele negócio, para poder argumentar. E mais: a humildade faz parte do protagonismo nas relações profissionais. Ela o valoriza ainda mais. Tanto no sentido de não esconder quando há algo que você não domina 100%, e precisa aprofundar, quanto no cuidado de mostrar que não há barreiras de comunicação.

Gosto de me expor junto com as equipes aos meus clientes. Gosto de mostrar para eles que na nossa empresa não existe barreira e acesso dificultados das pessoas que estão no topo, cobrando, e não veem à superfície.

Afinal, na maioria das empresas quem trabalha no dia a dia fala assim: "Aquele que cobra não entende nada de nada, só a gente que lida diretamente com o cliente".

Se você está numa posição de liderança, não pode deixar que as coisas fiquem assim. Quem cobra deve cobrar porque sabe qual é a realidade do colaborador, porque está junto com ele para chegar ao objetivo. Recomendo que você lidere dessa maneira, de perto e sendo acessível.

Preze pela satisfação geral

Equipe feliz é equipe de resultado. Se o líder consegue que todos se comportem como se estivessem numa segunda família, eles compreendem a responsabilidade de cada um, mas atuam em time e melhoram o clima organizacional. Não importa o cargo, somos os agentes das mudanças. Uma empresa é feita de pessoas, lembra? Não podemos esperar nem perder tempo reclamando. Façamos acontecer.

E já que eu falo tanto de família, não posso deixar de dizer que também é mais feliz quem trabalha duro, mas consegue reservar tempo e energia para a vida pessoal. Assim como reservo os fins de semana para o meu lado família, não monto as equipes para que trabalhem sem parar, sem pausas. Sempre falo nas reuniões que precisamos de cérebro a mil, tinindo. Portanto, ter um tempo para relaxar e recarregar as baterias convivendo com o afeto da família faz com que todo mundo produza melhor.

A pessoa vem para a empresa mais satisfeita, mais energizada depois de um abraço do filho, por exemplo. Obter sucesso só no trabalho traz uma satisfação efêmera. Você precisa ter sucesso na vida pessoal também. Prezar por isso. Não apenas consigo mesmo, mas em relação àqueles que batalham junto. E quais são mesmo as atitudes que os une? Retomo a seguir.

Envolva ao máximo seus funcionários

Durante nosso planejamento estratégico na Bombril, lancei a pergunta: "E quanto às competências que buscamos em nossas equipes?".

Os coordenadores montaram um Plano de Desenvolvimento Individual (PDI) que incluía uma série das competências desejáveis conforme cada função. Daí, pedi que rasgassem o que haviam feito para recomeçarmos do zero.

— Eu quero quatro competências globais, que sirvam para os funcionários dos vários níveis e departamentos, ou seja, estratégicas

Você pode mais — 99,9% não é 100% | 141

para a empresa inteira. Não venham me dizer que as de vendas são diferentes, por exemplo. Não estou falando de qualificações técnicas, e sim atitudinais. Esse será o nosso diferencial!

Então, sugeriram contratar uma consultoria. Propus fazer diferente:

— Chamem todas as áreas, distribuam papel e caneta e digam que todos têm meia hora para escrever, de olhos fechados, quais características cada um enxerga para a seguinte pergunta: "Você vai ter um filho e ele se chamará Bombril. Você acha que ele vai ser como?".

Usei a analogia do filho para buscar o DNA da empresa, desde o chão de fábrica até a diretoria. Com essas competências mapeadas, constatamos que estão muito ligadas aos valores dos quais falei, principalmente, no capítulo 7. E elas, juro a você, expressam como eu sou e como consegui avançar na carreira. Você vai ler as quatro e pensar "É o Marcos", pois eu me vejo muito similar à proposta de Bombril! Quando passei essas competências aos meus funcionários, eles as assimilaram facilmente, porque as enxergam em mim. Sou o exemplo vivo delas, é mais fácil liderar se você partir dessa coerência com os valores e atitudes da organização.

Líderes que trabalham bem essas quatro competências (neles e nas equipes) têm tudo para agregar dentro da organização e do mercado em que atuam. Elas são abrangentes, porque precisamos formar generalistas — aqueles que dão até nó em pingo d'água, para usar uma expressão típica do interior paulista. Seja um também!

Valorize as quatro competências globais

Ao longo dos capítulos deste livro, discorri sobre as quatro competências globais e as reorganizo aqui como uma mensagem final e compacta do caminho das pedras para quem quer ser O cara e está convicto, como eu, de que 99,9% não é 100%.

142 | Marcos Scaldelai

Estas quatro competências disseminadas na minha gestão dentro da Bombril são, no fundo, a minha história, a essência de minha trajetória profissional de estagiário a presidente, com 36 anos. Elas são a explicação de minhas atitudes, têm tudo a ver com os meus valores. Inspire-se nelas também:

Competência Global 1 — Empreendedorismo

Nós temos de trabalhar com a visão de quem empreende. O executivo que desenvolve esse espírito de dono pensa lá na frente, vislumbra o crescimento, explora com mais facilidade todas as possibilidades de melhoria, busca o impossível constantemente. Porque ele acredita no negócio e que não existe fim, é o oceano azul. Tem uma confiança inabalável que é da natureza do grande empreendedor. Isso faz a diferença como característica, pois esse executivo acaba sendo o protagonista, *O* cara. Ele não se limita a fazer "o agora". Faz "o agora" visando sempre se superar lá na frente. Essa postura ajuda a criar horizonte de crescimento para cada cliente também.

Competência Global 2 — Senso de urgência

Tudo realmente é para ontem. Neste mundo onde vivemos, com a velocidade da informação e a competitividade, precisamos trabalhar numa dinâmica acelerada, com máxima energia e responsáveis na equipe por puxar a corda do senso de urgência o tempo todo. Eu tenho urgência, mas *todos* também precisam ter — e me incomoda que os outros não tenham. Então, preciso colaborar com a equipe para bater a meta, uma atrás da outra, crescendo, construindo. Não dá para deixar para o último momento. Pessoas com essa característica também se destacam porque imprimem a velocidade e o dinamismo que todas as empresas precisam ter.

Competência Global 3 — Brilho nos olhos

Para algumas pessoas não é fácil colocar esse valor como competência, mas é fácil identificar. Quando você olha, sabe que aquela pessoa transparece um carisma que a torna acessível, uma alegria que contagia o ambiente, uma liderança que vai ser seguida pelo exemplo, e consegue atrair as pessoas para os mesmos objetivos. Quem tem essa competência usa o emocional, que tem um peso importante; não age só pelo lado racional. Esse brilho nos olhos é o que faz com que as pessoas olhem para você e percebam que é diferente, que busca quebrar paradigmas, trazendo todo mundo para o resultado e inspirando a brilhar mais e mais.

Competência Global 4 — Excelência

É o resultado incontestável: ou se atinge uma meta ou não se atinge. Lembre-se: 99,9% não é 100%. As outras três competências perdem força se você não for orientado para o resultado. A empresa e o mundo dependem disso. Ter uma performance de excelência é o que vai conduzi-lo a mudar sempre de status, responsabilidades, estágios na carreira. É o que vai firmá-lo como *O* cara, aquele que coloca a cabeça na guilhotina para superar todos os desafios e não tem medo de se expor – porque é somente se expondo que será percebido. E se tudo der certo, com o resultado que você imagina, vai ser recompensado à altura. Sem ter de pedir.

Encare o trabalho como uma startup

As pessoas que reúnem fortemente essas competências gostam muito de desafios, têm ideias e pensam lá na frente. Por isso, investir numa startup torna-se tentador. Por que profissionais com esse perfil se interessam por startups? Porque buscam algo novo. Se acertam, o resultado é rápido e significativo — e eles são considerados *O* cara. É verdade que precisam ter muito preciosismo para atirarem no alvo exato, ou podem não sobreviver. Os que não deram certo talvez não tenham as quatro competências globais.

Minha sugestão: se encarar os projetos que desenvolve e lidera dentro de uma companhia como se fossem startups, vai olhar com muito mais preciosismo, forte dedicação para entender aquele mercado, preocupação de projetar sua futura expansão. Que tal transpor essa maneira de pensar e de agir para o dia a dia em qualquer lugar onde trabalhe? E, assim, manter-se sempre nessa nuvem motivadora para algo diferente, inovador?

Assuma que todos são do comercial

Tudo o que proponho aplicar na prática é carregado de uma veracidade muito grande. Porque são meus diferenciais e os quais busco em meus colaboradores de jornada. Quando entrevisto candidatos a trabalhar comigo, peço que contem a sua história profissional e vou tirando algumas palavras do que eles falam, para encaixar nas quatro competências globais e entender o nível em que estão em cada uma delas. Dependendo da área pretendida, uma poderá ser mais forte em comparação a outra. Vendas, por exemplo, vai exigir muito brilho nos olhos. No entanto, essa característica é importante em qualquer profissional, em qualquer posição.

Essas competências vêm fazendo a diferença na minha história pois sou um presidente que emergiu do marketing, sou voltado para vendas e defendo que todos têm de ser comerciais. E, claro, qualquer profissional da área comercial precisa se fortalecer nas quatro competências; praticá-las vivendo o mercado, olhando lá na ponta, dominando e transformando a sua realidade. Quanto antes...

Eu me sinto um pouco fora do aquário quando tenho encontros com executivos de outras gerações, geralmente à frente de multinacionais, porque tive a oportunidade de ter muita liberdade para liderar com essa visão empreendedora, apostando em estratégias fora do senso comum e obtendo sucesso. Eu acredito nesse caminho e quero, com este livro, motivá-lo a entrar de corpo e alma em sua próxima "empreitada". Seja seu novo projeto dentro de uma corporação, seja seu novo negócio, seja ainda o desafio de reerguer uma empresa que precisa de uma reforma geral. Exige mais do que vontade, exige muito trabalho também e a confiança daqueles que também têm 100% de superação como marca registrada e o conduzem a crescer. Aproveite e acelere.

Sua visão empreendedora me mostrou como crescer

Devo muito essa liberdade de ação, para realmente ser um líder que agrega, ao Ronaldo Sampaio Ferreira, o principal acionista da Bombril. Não por acaso as quatro competências globais também têm tudo a ver com ele. Por ser presidente do conselho, ele faz com que o não conformismo seja materializado de forma muito forte, principalmente em vendas. No entanto, temos de disseminar isso na companhia inteira.

Ele também acredita que essas competências nos levam a outro nível de competitividade, eliminando aquele padrão de inércia que encontramos nas equipes. Ronaldo pensa muitos anos à frente, e assim me impulsiona muito. Quando a gente fala da visão de dono, ele me faz vivenciar muito isso.

Ele é um grande exemplo de empreendedorismo. Tem a empresa e a marca no sangue. Quando o pai morreu, seus dois irmãos o afastaram por falta de afinidade na forma de gestão. Então, tomaram decisões que quase quebraram a empresa, incluindo a venda para um grupo italiano. Ronaldo a conseguiu de volta e resolveu batalhar para colocá-la no patamar merecido. Por tudo o que a empresa representa para o Brasil, o mercado se mostrou disposto a ajudar. Em 2006, encerrou-se um ciclo de resultados desastrosos e foi possível vislumbrar um futuro com mais brilho.

Eu passei a fazer parte dessa fascinante história de superação e conquista em dezembro de 2009. Ronaldo me descobriu ao ler uma entrevista que tinha dado a uma revista de negócios, como já contei nos capítulos 3 e 6, em que tratava do desbravamento da marca Vigor para outras linhas. Eis que uma headhunter me ligou, chamando para conversar. Ela falou:

— A empresa que está interessada em você é a Bombril.

— Nossa, a Bombril?

— Sim, e de uma maneira inusitada, porque já estava decidido quem assumiria a função de diretor de marketing, mas me solicitaram segurar o processo para chamá-lo.

Fui para a primeira entrevista, com o presidente da época, Gustavo Ramos, que me recebeu muito bem; e depois para a segunda, com o presidente do conselho e dono, o Ronaldo, que me desafiou com esta pergunta:

— Tem um concorrente que usa um insumo proibido no Brasil. Eu quero lançar um produto e, para isso, teria de recorrer a esse mesmo insumo. No meu lugar, você lançaria, ou não, na Bombril?

— Eu não lançaria e ainda denunciaria o concorrente – respondi.

— Não tinha pensado nisso – disse ele, surpreso. E a conversa deslanchou para vários assuntos de maneira empolgante.

Nós nos despedimos, e, quando eu já estava indo para o carro, ele desceu as escadas atrás de mim e abriu o jogo:

— Eu só queria dizer mais uma coisa: por ser muito forte e famosa, quem entra na Bombril pensa mais em fazer currículo. Só que eu quero alguém para fazer parte da família Bombril.

— Se eu entrar, eu *sou* da família – respondi, seguro.

Começamos a trabalhar juntos. Ele me contou o sonho que tinha de desbravar oportunidades, vendo em mim a possibilidade de pôr a Bombril em outro patamar. E de que maneira? Lançando produtos. Construímos toda uma dinâmica para voltarmos a ser referência em soluções de limpeza, especialmente para essa nova mulher que domina hoje a classe média brasileira.

Escolhemos o caminho certo. Os crescimentos acumulados confirmam isso. Ganhamos muitos prêmios e estivemos nas listas de melhores empresas nos últimos três anos. A Bombril voltou a ser a mesma dos tempos áureos. Isso é a prova definitiva de que é possível sempre superar o impossível.

Certa vez, Ronaldo me entregou um papel com adjetivos que ele valoriza nos bons profissionais que estão no mercado atual. Por exemplo, perseverante e guerreiro. Encaixei vários quando formatei as palavras-chave das quatro competências globais, porque combinavam perfeitamente. Reproduzo o resultado a seguir, porque são como um guia do melhor que este livro procura transmitir.

Leio vários livros e assisto a palestras que não trazem um fechamento com os pontos principais. Tenho essa preocupação. Tanto que, quando termino a minha palestra, as pessoas vêm falar comigo sobre o que mais friso: 99,9% não é 100%, como ser *O* cara, brilhar é superar o impossível... Uma moça me disse: "Você tem estrela". E sua colega completou: "Ele tem brilho nos olhos".

Agora é com você! Montei o quadro a seguir para que analise se possui as quatro competências globais desenvolvidas. E fique à vontade para usar este resumo como um plano individual de aceleração de seu sucesso profissional. Vou ficar feliz se, ao final deste livro, você pensar: "A chance que eu tenho de ser presidente é fato! É só eu querer ser um profissional diferente, e não como os comuns que existem aos montes no mercado". Desejo que as minhas ideias, o meu exemplo, as minhas batalhas e conquistas sirvam de estímulo para suas próximas realizações. Se eu estou sendo bem-sucedido por méritos próprios, então todo mundo pode.

Avaliação das competências globais

Empreendedorismo
Significa: ter paixão pelo que faz sempre pensando à frente, assumindo riscos e entregando o máximo de resultados.
Palavras-chave: visão de futuro, agregar valor, foco no mercado.
Atitudes: enxerga o negócio como se fosse o dono e, assim, toma as melhores decisões avaliando impactos futuros, garantindo a sustentabilidade financeira e a estratégica. Foca na solução, não no problema. Inova e busca sempre o impossível.
Você tem quando **carrega o DNA da empresa no sangue!**

Senso de urgência
Significa: ter atitude proativa, impondo um ritmo de trabalho dinâmico que contagie a todos.
Palavras-chave: perfil *hands on*, versatilidade, adrenalina.
Atitudes: ele se antecipa às demandas sem olhar apenas para o próprio pedaço. É flexível e ágil. Pensa sempre no todo em busca dos mesmos objetivos.
Você tem quando **faz acontecer agindo como generalista!**

Brilho nos olhos
Significa: fazer a diferença sendo um agente de inspiração, referência e carisma. Encantar interna e externamente pelo exemplo.

Palavras-chave: empatia, vibração, lealdade.
Atitudes: valoriza o relacionamento interpessoal. Demonstra bom humor e entusiasmo, influenciando o ambiente positivamente. Tem forte poder de persuasão.
Você tem quando **possui luz própria!**

Excelência
Significa: ser focado em resultados, trabalhando com alta performance e comprometido com a produtividade.
Palavras-chave: segurança, atitude guerreira, experiência.
Atitudes: tem autoconfiança e perseverança diante dos desafios. Preocupa-se com os detalhes.
É lutador, não desiste nunca!
Você tem quando **busca a perfeição, convicto de que 99,9% não é 100%!**

Capítulo 10 – O impossível e o poder de valorizar o melhor

O impossível nunca chega. Se você acreditar nisso tanto quanto eu acredito, seus desafios nunca terão fim. Decida que a sua missão será superar o impossível e atrairá seguidores entusiasmados pela sua determinação. Procure extrapolar limites, planejando bem e assumindo os riscos de ter uma atitude diferenciada. Não permita que alguém diga que você não pode realizar uma ideia, uma venda, um sonho. É claro que pode. Tanto que vai fazer — e vai dar certo!

O segredo é se apoderar de seu direito de valorizar o melhor: para si, sua família, sua equipe, a empresa, para o futuro da sociedade. Afinal, desenvolver a carreira também é construir seu papel no mundo, ajudar quem está à sua volta, reescrever a história. Ao cobrar de si mesmo fazer diferente e transformar a realidade sem perder a própria essência, o resto é consequência.

Torço para que, em sua próxima empreitada, seu foco esteja em solucionar — e da forma mais surpreendente, para se destacar na multidão. Lapide-se nas quatro competências globais do capítulo 9, liberte-se do medo e dos melindres que travam os ambientes e vá buscar 200%, 300% de resultado. Impossível? Para mim, brilhar é superar esse impossível. Existe um oceano azul para ser explorado. Sua vida, tenho certeza, vai ficar muito mais emocionante.

Na infância, valores e educação

Devo o que sou hoje às minhas origens, e volto a elas como fechamento deste livro. Elas explicam muito sobre minha vontade de ajudar os outros a crescerem, assim como fizeram comigo. Sempre quis ser um bom exemplo e jamais trair a confiança que tantas pessoas de bem depositaram em mim. Eu nasci em

Catanduva, no interior paulista. Sou o filho caçula de três que dois professores apaixonados tiveram.

Minha mãe leciona até a segunda série do ensino fundamental e meu pai ensina química, física e biologia. Ele sempre foi o melhor da escola e da cidade, exigindo compromisso dos alunos. Ele dizia que os estudantes poderiam fazer o que quisessem, mas teriam de assumir as consequências. Se percebia alguém "colando", por exemplo, permitia, mas, no momento em que recebia a prova, assinalava um zero bem grande no alto da folha.

Meus pais foram meu primeiro grande exemplo, porque lutavam muito pelo lado bom da profissão e me despertavam para o conhecimento. Tínhamos uma vida financeiramente comedida, regrada, mas nunca nos faltou nada. Eles nos passaram valores e davam a devida importância à educação. Meu pai é também maçom, e vivia intensamente essa ideologia. Curioso, eu queria saber o que era maçonaria, embora não tenha ingressado nela. Ele respondia: "É integrar bem o indivíduo à sociedade".

E como fiz o ditado "filho de peixe... peixinho é", sempre fui bom aluno, mesmo quando o professor era o meu próprio pai: dedicado, atento a tudo e com facilidade de assimilar os conteúdos. Até que, no último ano do ensino fundamental, participei de uma gincana que mudou a minha vida. A maior empresa de lixo da cidade costumava ter esse tipo de ação com escolas particulares e públicas, para ajudar instituições locais. Abrangia jogos (com competição de futebol, entre outras), arrecadação (num ano era de borracha e lápis, em outro podia ser de alimentos) e atividades culturais. Participei ativamente na organização e nas tarefas. Minha escola se destacou na arrecadação, e ainda ganhei o prêmio máximo como melhor ator.

Foi voz geral entre os professores: "O Marcos é um talento! Precisamos que ele continue os estudos em uma escola com mais recursos".

Vários deles procuraram o dono da empresa de lixo, Afonso Macchione, e juntos pagaram meus três anos seguintes, hoje chamados de ensino médio, na Escola Anglo de Catanduva, considerada a melhor dentre as escolas particulares da época. Quer dizer, eles acreditaram e investiram em mim. Isso não quer dizer que eu era um gênio dos livros, tirava notas A e também B. No entanto, conforme diziam, eu tinha um conjunto favorável. E eles sabiam que meus pais já pagavam com dificuldade faculdade particular para meus irmãos.

Meus professores continuavam a dizer que eu era muito criativo, liderava e organizava o que fosse preciso, então deveria estudar propaganda. Eu sabia pouco da profissão, mas me vinha à mente a figura do publicitário Washington Olivetto e então eu pensava: "Acho que gosto disso: de criar, de comunicar". Procurei as melhores faculdades, prestei vestibular em cinco, fui muito bem e escolhi a ESPM. Para o meu pai seria um sacrifício grande, ainda mais porque eu precisaria me mudar para a capital. E tem mais: ele sempre quis que eu fizesse medicina. Achava que propaganda não daria em nada... Ser médico que é bom!

Então iniciei o curso de Propaganda e Marketing e, desta vez, a maçonaria da qual meu pai fazia parte, ajudou a pagar grande parte dos custos. Todos sempre me ajudaram, agiram discretamente, sem esperar nada em troca.

Na faculdade, eu me apaixonei pelo marketing. Vi que não era só um trabalho de criação, mas de como fazer um produto chegar à ponta do caixa com resultados financeiros e de imagem. Além disso, sou bom de exatas e adoro métrica (a gente vê que algo está certo quando pode ser medido, simples assim!), pois bem, ia abraçar essa profissão fantástica para cumprir o que falei quando saí de Catanduva: que eu precisava proporcionar uma vida diferente para minha família, mais confortável. Meus pais deram a própria vida para formar os filhos, e eu queria muito retribuir tamanha dedicação. Sempre senti essa responsabilidade. Então, eu não podia errar.

Hoje, ainda não posso errar, porque um jovem que assume uma grande empresa e erra está fadado a ser um fracasso. Só tenho uma chance, que é de acertar, e vou trabalhar todos os dias com essa missão.

Na presidência, o reencontro

É claro que sempre quis muito agradecer aos professores e ao senhor Macchione publicamente por apostarem em mim. E tive a oportunidade de fazê-lo em 2014, numa entrevista a um dos principais jornais locais e mais ainda quando fui convidado pelo Grupo de Líderes Empresariais (LIDE), no interior de São Paulo, para palestrar aos meus conterrâneos sobre minha trajetória profissional — que teve um gostinho muito maior porque tudo aconteceu naturalmente, por mérito.

A palestra em Catanduva foi uma experiência diferente e emocionante. Eu nunca havia começado uma apresentação sobre minha carreira falando da vida pessoal. Contudo, aquele público especificamente esperava por isso. Sou um catanduvense que está dando certo. Então, a expectativa era grande. Um menino que veio de escola do Estado e que valoriza suas origens. Teve honras e méritos de pessoas que o perceberam e deram oportunidades. Ali, eu falei com o coração.

Minha palestra, que inicialmente deveria durar 40 minutos, prolongou-se por uma hora e 40 minutos. E todos me disseram que nem sentiram o tempo passar. Vários choraram. Os filhos do empresário Macchione não sabiam da história e sentiram um visível orgulho do pai, que chorou muito. Eu segurei toda a minha emoção para poder passar a minha mensagem. Ao final, os filhos me abraçavam, e o pai me olhava querendo dizer "Eu não acredito que isso aconteceu, nem fiz tanto assim". Fez, sim.

Aquela gincana da escola e o forte apoio dos professores e do empresário foram fundamentais para que eu conseguisse crescer. E, para surpresa geral, o funcionário que havia criado a gincana também estava lá. Ele queria conhecer melhor a minha história. Eu nunca soube quem ele era, até que se aproximou e disse, emocionado:

— Marcos, fui eu que criei essa gincana.

Macchione o abraçou e confirmou:

— Foi ele mesmo.

— Que orgulho! O cara que tem hoje o cargo máximo de uma empresa reconhecida no país inteiro saiu de nossa gincana.

Eu lhe contei sobre meu desejo de fazer uma ação desse tipo nas escolas públicas de São Bernardo do Campo, na grande São Paulo, onde fica a sede principal da Bombril. Foi muito bom reencontrar essas pessoas na palestra. Não tanto para mostrar a posição que ocupo, e sim para compartilhar. O público era de empresários, pessoas que me conheciam de maneira geral e muitos jovens que estudam e principalmente em início de carreira. Também jovens empreendedores da região e, principalmente, meus "professores-anjos".

Eu sempre me inspirei em profissionais bem-sucedidos que me fizessem pensar "Por que eu não posso ser um grande exemplo também?". E vi que a plateia estava me olhando dessa maneira. Eu não conseguia ir embora. Fiquei por mais uma hora e meia recebendo abraços e cumprimentos, tirando fotos. Os jornais da região repercutiram antes e depois.

Meus pais, que estavam presentes, também receberam muitos cumprimentos. São dois professores, que, com muito pouco, fizeram bastante pelos três filhos, pois o foco deles, obviamente, foi a nossa educação. Havia outros familiares que não conheciam a minha história em detalhe. Eles sabiam que eu presidia uma empresa, mas não tudo que precisei galgar para chegar lá. No fundo, as pessoas sabem muito pouco umas das outras, especialmente nesse mundo corrido em que vivemos.

Recebi muitas mensagens pelas redes sociais, como: "Sem dúvida o evento foi sensacional"; "Agradeço muito a oportunidade de saber um pouco da sua história"; "Ao nos depararmos com assuntos tão frutíferos, pensamos em tudo o que temos, conquistamos e nos circunda"; "Muito bacana ver a sua evolução e como as portas foram se abrindo para você. Mérito seu!"; "Me emocionei com as suas palavras no tocante à religião e aos agradecimentos a todos que o ajudaram"; "Parabéns, Marcos, que história linda. Você é *O* cara".

Na intimidade, a fé

Nessa palestra, deixei claro que cada um tem sua crença e deve ser respeitada. Eu acredito na importância de Deus. Contei que, no dia a dia do trabalho, há momentos complicados em que eu rezo mesmo. Como disse, sou muito positivo. Então, se acredito que alguma energia negativa está atrapalhando, não vejo nada melhor do que recorrer a uma força maior.

Uma amiga que não pôde ir à palestra em Catanduva me presenteou com uma santa. Isso me deu uma força tão grande para me apresentar à noite! Hoje, a santa está em meu armário. E todos os dias, antes de chegar à empresa, eu rezo a Oração ao Espírito Santo (para abrir todas as portas) e a Oração do Credo, que considero a mais poderosa, a mais protetora (para afastar todas as coisas ruins de meu caminho). As pessoas se surpreendem quando digo que cultivo meu lado espiritual.

Como gosto de música, dois sábados por mês vou à paróquia do meu bairro com meu violão, sento e toco na missa. E as pessoas adoram. Dá um enorme prazer trazer alegria àquela comunidade. Acreditar em Deus ajuda a ter uma mente positiva. Também participo de uma equipe de Nossa Senhora, composta por sete casais com perfil semelhante (filhos na mesma faixa etária, por exemplo). Há mais de 50 mil equipes no mundo, pelo que sei. Esse movimento começou em Paris, em 1938, e se expandiu. Em nossa equipe, criamos um vínculo de solidariedade que nos permite falar de assuntos do dia a dia e analisar sob a visão religiosa o que nos incentiva a superar adversidades tão comuns a muitos lares.

Minha família inteira é espírita, sou o único católico. Minha mãe sempre falou que é importante ter uma religião, para desenvolver a fé, acreditar nas coisas e nas pessoas. Eu uso a religião a meu favor da seguinte maneira: vou à missa com aquela esperança de que a semana seguinte poderá ser ainda melhor e já agradeço por isso. Contar com uma força maior faz com que qualquer obstáculo seja superável e ilumina meus caminhos e decisões, uma vez que profissionalmente me exponho bastante.

Certa vez, numa convenção de vendas, o assunto em pauta era bastante pesado, e podia inflamar uma polêmica ainda maior. Chateado e altamente incomodado com a forma como as questões estavam sendo colocadas, pensei: "Eu tenho de ficar inspirado para conduzir aquela situação a uma direção mais positiva". Tentei rezar a Oração do Credo para me dar força, mas não conseguia concatenar as frases. Chamei, então, um funcionário de uns 50 anos, que também era católico ativo, e pedi baixinho: "Por favor, me ajuda numa coisa. Reza o Credo para eu escutar e acompanhá-lo".

O efeito naquela convenção foi maravilhoso.

Deve ter alguém lá em cima, no plano espiritual, olhando por mim. E pode ser a minha avó, por parte de mãe, que morava conosco. Ela me amava, e eu fazia tudo por ela. Quando faleceu, seu anel com a imagem do Espírito Santo ficou comigo. E eu o usei nas situações mais desafiadoras, como na apresentação sobre conhaque que fiz ao meu diretor lá no começo da carreira. Quando preciso de força, penso tanto nela, que parece se materializar.

Sinto que as pessoas gostam quando eu falo desse meu lado espiritualizado. Muitas adorariam trabalhar mais as próprias crenças, mas ficam tímidas. E o meu exemplo pode ser um incentivo.

Tudo está ao nosso alcance, basta suar muito, ter fé e Deus no comando!

Para sempre, minha gratidão eterna

Se eu resumisse a minha vida até aqui numa palavra, a melhor de todas seria *gratidão*. Agradeço a você, que leu até esta página, pela sua atenção, pelo seu tempo e por me prestigiar. Agradeço se minha experiência servir para que coloque em prática melhorias em seu dia a dia. E agradeço demais a todos que realmente ajudaram a me tornar o profissional que sou hoje. Gostaria de nomeá-los:

— a meus pais, o empresário Afonso Machione, os professores Leda, Janete e Douglas, e aos tios da Loja Maçônica Tranquilidade e Esperança, que bancaram meus estudos;

— a Antonio José Barazal e Juliano Mazzo, que me deram a oportunidade do primeiro estágio na Nielsen;

— ao Diretor da Nielsen, Vinícius, que me enxergou indo além;

— a Marcos Gonçalves, pela oportunidade na Pillsbury;

— a Graziela Vitiello, minha grande mestra e mentora. Soube interpretar minha simplicidade me gabaritando cada vez mais profissionalmente;

— a Fernando Falco, por me reconhecer como quase um "filho" na vida profissional (e olha que fisicamente até me pareço com ele...);

— a João Doria, que nunca mediu esforços para reconhecer meu brilho nos olhos;

— a Margarete Costa, Ana Paula, Álvaro Oas, Cairê Oas, Ney Fernandes, Maria Égia, Carmen Archilla, Fernando Nogueira, Margareth Goldenbergh, Lio, Freitas, Betinho, Maria Pestana, Rogério, Renata Rubano, Malu, Maluly, Cláudio Vargas, Marcelo Carvalho, Raul Gil, Raulzinho, Hortência e Bia Figuei-